QUEM NUNCA?
A saia justa de cada dia

**Um guia sobre como enfrentar, com elegância,
82 situações embaraçosas em diversas ocasiões.
Acompanha regras básicas de etiqueta.**

Quem nunca?

A saia justa de cada dia

Um guia sobre como enfrentar, com elegância, 82 situações embaraçosas em diversas ocasiões. Acompanha regras básicas de etiqueta.

Cleuza Baptista

Auxílio de revisão: Walquiria Batista
Revisão geral: Clarice Martins Duarte
Projeto gráfico e diagramação: Conexão Soluções Corporativas
Capa: Conexão Soluções Corporativas
Ilustrações: Matheus

Baptista, Cleuza

Quem nunca? Um guia sobre como enfrentar, com elegância, 82 situações embaraçosas em diversas ocasiões. Acompanha regras básicas de etiqueta.
108p.
1ª ed. 2019

ISBN: 978-16-73113-74-7

Agradecimentos

A Deus, pela vitória alcançada, com a publicaçao deste guia;
Ao meu marido, Diniz, por incentivar-me a lançar esta obra;
A minha filha Giovanna, pelas observações construtivas;
A minha filha Walquiria, pelo auxílio precioso nas revisões;
A minha neta Isis, pelas sugestões, quanto aos desenhos.

Sobre a autora

Cleuza Baptista é jornalista, consultora de comportamento e escritora. Participou, dentre outros, do curso de Business Etiquette, em Londres - Inglaterra.

É autora das seguintes obras: Vida de modelo; Etiqueta empresarial; Comportamento no ambiente de trabalho; Etiqueta social, com dicas para executivos; Etiqueta social para os dias atuais; Quem nunca?

A jornalista dirigiu a agência de modelos Circuito Fashion de Goiânia de 1991 a 2015. Foi redatora das revistas Circuito - Goiás afora, Kids & Teens, e assinou a coluna Saúde e Beleza do jornal Diário da Manhã de Goiânia-GO.

Apresentação

O guia Quem nunca? nasceu de um sonho que se tornou realidade depois de treze anos.

Durante décadas, observei situações embaraçosas envolvendo o dia a dia, não só meu, como das outras pessoas. Passei a anotá-las e a buscar soluções elegantes para elas.

Em 2006, eu já havia anotado mais de 100 situações interessantes. Selecionei as mais atuais, e decidi transformá-las em um guia que pudesse auxiliar a todos.

Fiz um resumo da obra e resolvi submetê-la à aceitação da mídia. Consegui entrevista em uma rádio AM e, ao sair do estúdio, recebi vários convites de outras emissoras de rádio e TV. Era o feedback pelo qual eu esperava. Porém, alguns problemas de ordem familiar me impediram, à época, de dar prosseguimento ao projeto.

Treze anos depois, graças aos incentivos da minha família, conclui o tão sonhado trabalho. Assim, com uma leitura agradável e de fácil assimilação, apresento ao público o guia Quem nunca?

Desejo a todos uma boa leitura!

Índice

Parte I

Como enfrentar, com elegância, 82 situações embaraçosas em diversas ocasiões

Como tudo começou...

Em 1992, quando a nossa agência de modelos Circuito Fashion estava prestes a completar um ano no mercado de trabalho, consegui fechar um contrato importante com uma grande empresa cujo nome, por motivos éticos, prefiro omitir.

O contrato era de prestação de serviços: dez modelos para o trabalho de recepção no stand da empresa por ocasião da Feira da Indústria e Comércio – FIC, evento anual e de grande tradição à época.

Os serviços das modelos seriam realizados nos horários das 18h às 22h. Como era de praxe, sempre que eu fechava algum trabalho, passava pessoalmente para saber se estava tudo ocorrendo conforme o combinado. O objetivo era dar apoio às modelos da nossa agência, e suporte ao cliente.

Assim, dirigi-me ao stand naquela primeira noite, quando se realizava a festa de abertura do evento proposto. Identifiquei-me aos seguranças como empresária das recepcionistas, o que facilitou a minha entrada ao recinto.

Considerando o meu papel insignificante naquele local, tentei ser discreta, passando sutilmente entre os convidados. A ideia era checar o trabalho das meninas e sair sem chamar a atenção.

As meninas da nossa agência estavam belíssimas em seus vestidos pretos e longos, contrastando com lenços brancos, em seda pura, bordados com a logomarca da empresa contratante. Sorridentes, atendiam aos diretores e demais clientes que circulavam pelo recinto.

A festa estava perfeita: convidados elegantes, ostentando exacerbada riqueza, eram atendidos por excelentes garçons, que lhes serviam caviar, mini vol au vent, tudo acompanhado por uísques e champanhes caríssimos.

Discretamente, assim como entrei no stand do nosso cliente, eu já estava de saída, quando, lá do fundo, ouço uma voz masculina que, em tom alto e grave, dirigiu-se a mim e, como se quisesse chamar a atenção de todos os presentes, disse, olhando diretamente nos meus olhos: "Minha querida deputada, quanta honra em recebê-la em nosso humilde stand!"

Num primeiro momento, pensei que ele se dirigia a outra pessoa, mas para meu espanto, ele foi logo tomando as minhas mãos e se postando diante de mim. Os convidados formaram um círculo em torno de nós dois e ele prosseguiu: "Meus amigos, apresento-lhes essa grande celebridade, nossa deputada federal, Dra. ..."

As modelos/recepcionistas olharam para mim incrédulas, sem compreenderem absolutamente nada daquela situação. Percebi imediatamente o equívoco do anfitrião da festa. Como o contrato de trabalho com o cliente havia sido fechado com um booker da minha agência, ninguém ali, exceto minhas modelos, me conhecia.

Fiquei petrificada diante do equívoco e precisei raciocinar rápido. Então pensei: "Se eu disser que não sou essa tal deputada, o anfitrião vai ficar constrangido e zombarão dele por um bom tempo; por outro lado, se eu ficar calada, o livrarei do vexame, mas corro o risco de cair em contradição."

Enquanto eu pensava no que fazer, jamais supus que o pior estava por vir... O tal anfitrião, de forma gentil, me tomou pelo braço, dirigiu-se a uma das modelos, pedindo-a que me servisse do melhor champanhe.

Antes que eu pudesse dizer qualquer coisa em minha defesa, ele prosseguiu eufórico, mais se parecendo com uma criança enfeitiçada diante de um brinquedo novo.

Entre empolgado e um pouco "alto" pelos efeitos do álcool, o equivocado anfitrião inesperadamente perguntou-me: "Cadê o seu marido?" E prosseguiu: "Estive com ele há poucas horas e ele me prometeu que passaria aqui para tomar um uísque comigo, mas até agora não apareceu!"

Não sei o que era pior: ser confundida com uma pessoa tão importante ou o desespero por saber que a qualquer momento o marido da tal deputada entraria naquele recinto e me desmascararia.

Não bastasse, aquele senhor não me deixava abrir a boca. Simplesmente não parava de falar, lembrando certos apresentadores de TV.

Assim, sem nenhuma alternativa, e suando frio a cada novo rosto masculino que adentrava o stand, inventei uma urgência qualquer, despedi-me e saí quase correndo dali, desejando que o tal marido chegasse depois da minha saída!

Já do lado de fora, tirei o salto e literalmente corri, me abaixando entre os carros estacionados, até chegar ao meu.

No dia seguinte, reuni as modelos e expliquei tudo a elas, antes que me julgassem como uma pessoa de dupla personalidade. Segundo as mesmas, o tal "marido" não apareceu nessa e em nenhuma das outras noites seguintes, o que me deixou mais tranquila.

Quanto ao pagamento pelo serviço prestado, não preciso dizer que enviei um funcionário da agência para levar a nota fiscal e receber o valor combinado em contrato.

Hoje, vinte e oito anos depois, com muitas outras situações vivenciadas, certamente eu agiria de forma diferente diante daquele momento inusitado, se não a maior, uma das maiores saias justas já vividas por mim!

Momentos constrangedores como o que foi aqui narrado são mais comuns do que imaginamos. Por isso, ao passar por algo embaraçador, o melhor é pensar rápido na solução, e não no problema, pois o foco no problema poderá agravar a situação.

Na sequência, apresentaremos 82 situações inesperadas, pelas quais qualquer cidadão está sujeito a passar, seguidas de sugestões de como sair de cada uma delas com elegância.

No trabalho

O controle emocional é essencial para
o sucesso no ambiente de trabalho

01 – Durante uma entrevista importante na sala do seu chefe, o celular dele toca e você percebe que se trata de uma ligação íntima:

- Evite perguntas constrangedoras, como: "Eu saio ou fico?" Aproveite e cheque seu WhatsApp (de preferência assista a um vídeo, em volume baixo, claro). Dessa forma, a pessoa ficará mais à vontade. Nada de "rabo de olho", tentando extrair algo da conversa.

02 – Você saiu correndo para o trabalho e, só em plena reunião, na sala do diretor, percebe que sua blusa está pelo avesso:

- Se você estiver sendo cotado para uma possível promoção (a não ser que o segmento comercial seja um circo), dê adeus à mesma. E não invente que é a última tendência da moda, não irá funcionar.

Se desculpe, vá ao próximo banheiro e vista a peça na posição correta.

03 – Ao entrar na sala do cafezinho da empresa, você flagra dois colegas falando mal de você:

- Esse tipo de conduta é característico de pessoas sem caráter. Se der, retorne sem que eles percebam. A partir daí, trate essas pessoas apenas profissionalmente. Não precisa "abrir inquérito" a respeito do ocorrido.

04 – Seu chefe perde o controle e grita com você:

- Respire fundo e conte até três. Revidar com outro grito pode piorar a situação. Aguarde um momento mais tranquilo e exponha a ele que não era necessário agir grosseiramente. Todos temos nossos dias difíceis.

05 – Um(a) colega de sessão insiste em te mostrar um vídeo no WhatsApp durante seu trabalho:

- Diga a esse(a) colega que você precisa se concentrar em seu trabalho. Caso ele(a) insista, peça-lhe que se retire.

06 – O seu gerente pede para você cobrir a falta de algum(a) colega, mas você havia programado uma viagem para a mesma data:

- Se puder, desmarque a viagem. Um "não" para o seu chefe, poderá significar a perda de alguma promoção. Mas se a viagem for muito importante, explique, gentilmente, os seus motivos de modo que ele compreenda.

07 – Seu colega de sala insiste em te vender bugigangas:

- Você não tem obrigação de comprar tudo o que aparece. Diga que tem compromissos financeiros urgentes e colabore quando considerar que realmente tem condições de ajudar.

08 – Você gosta muito do seu emprego, porém recebeu uma proposta melhor de outra empresa. Ainda não sabe se a proposta é concreta, mas a notícia "vaza" e chega até o seu chefe:

- Em tempos de redes sociais, todo cuidado é pouco. Converse francamente com o seu chefe, diga-lhe que gosta muito do seu emprego e que ainda não tem nada acertado com a outra empresa. Se você for realmente imprescindível para a empresa onde trabalha, quem sabe isso não lhe renda uma promoção.

09 – Bateu preguiça, e você resolve "matar" serviço. Liga para a empresa e diz que está doente, por isso precisa faltar. Em seguida vai ao shopping e, lá chegando, encontra o seu chefe, que foi almoçar com a esposa no mesmo local:

- Mentir que foi comprar remédios na farmácia do shopping, não vai colar. Melhor encarar os fatos e ter a humildade de pedir desculpas. E agradeça se o seu chefe for compreensivo e não o demitir.

10 – Sem querer você percebe olhares comprometedores entre dois colegas, ambos casados com outras pessoas. Por sua vez, eles notam que foram "pegos" no flagra:

- Esqueça o episódio e não comente sobre o que presenciou. Eles são adultos, que se entendam entre si. Tentar tirar proveito da situação é deplorável.

11 – Sua colega de sessão é legal, mas usa um perfume que o incomoda, além de provocar alergia:

- Uma boa saída é dizer-lhe que é alérgico a perfumes. Aproveite uma data importante, como aniversário, e a presenteie com uma colônia suave. Torça para que ela "leia" sua intenção nas entrelinhas.

12 – Na festa de final de ano da empresa, você tirou o nome do diretor para amigo secreto:

- O presente não poderá "fugir" do valor acertado anteriormente entre os colegas, ou seja, uma lembrancinha simples. Aproveitar-se da ocasião para presentear o diretor da empresa com objetos caros, como uísques importados por exemplo, passará uma ideia de oportunismo.

13 – O(a) seu(sua) chefe está se insinuando para você e deixa subtendido que se não aceitar sua proposta indecorosa, você poderá perder seu emprego:

- Converse com ele(a) e, com diplomacia, tente fazê-lo(a) mudar de ideia. Se ele(a) continuar te importunando, procure seus direitos. Assédio sexual é crime e deve ser denunciado. Isso se emprega para ambos os sexos.

Na balada

Quem convida, paga a conta!

01 – No interior do bar, você percebe que alguém tenta flertar com a pessoa que te acompanha:

- Tente mudar de lugar. Se não resolver, "aguente as pontas". Se a pessoa que você convidou estiver dando passividade à situação, melhor é "jogar limpo", e, claro, não sair mais com essa pessoa. Se for alguém com quem mantenha um relacionamento sério, não precisa reprimir a pessoa, muito menos partir para agressões verbais ou físicas. Melhor é ir embora, e, já em casa, conversar francamente com seu(sua) parceiro(a).

02 – Uma pessoa marca encontro com você naquele bar, não aparece nem dá notícias:

- Se for alguém de um relacionamento sério, procure saber o que aconteceu. Mas se for um primeiro encontro, esqueça essa pessoa. Pague sua conta e vá para casa.

03 – O bar que você frequenta é bem localizado e tem uma excelente comida. O problema é o mau atendimento dos garçons:

- Converse com o gerente sobre isso e, se não resolver, pese custos e benefícios. Se os benefícios pesarem mais, continue frequentando o local e torça para que a direção do estabelecimento mude para melhor.

04 – Seus colegas de trabalho te convidam para aquela balada. Você é tímida(o), mas resolve beber uns goles e começa a dançar freneticamente no meio do salão, sem se importar com todos os olhares voltados para você:

- Não adianta faltar ao serviço no dia seguinte, alegando doença.

Chegue de cabeça erguida, cumprimente todos e não toque no assunto da noite anterior.

Se algum(a) engraçadinho(a) tentar fazer piadinhas, olhe-o(a) fixamente por uns cinco segundos e, sem dizer uma única palavra, saia de perto dele(a). Isso será o suficiente para que essa pessoa perceba a importância de não confundir os ambientes.

05 – Você está sozinho(a) e tudo que deseja é espairecer um pouco. Uma pessoa se aproxima com insinuações do tipo: "Você está só?" ou: "Tenho certeza de que te conheço de algum lugar!"...

- Se isso não te aborrecer, vá em frente. Mas se se sentir invadido(a), dê uma resposta à altura, como: "Claro que você me conhece de algum lugar, por isso mesmo é que eu nunca vou lá!"

06 – Você percebe que, sentada à mesa em frente à sua, encontra-se a última pessoa a quem você gostaria de ver:

- Se a pessoa for sua oponente ferrenha, simplesmente finja que não a viu. Se for apenas alguém indesejável, cumprimente com um aceno breve e a esqueça. Curta sua noite. Não é preciso inventar para sua companhia que surgiu uma emergência e tem que ir embora dali.

07 – Seu(sua) amigo(a) se empolga e inicia um discurso sobre a política atual, chamando a atenção de todos e deixando você constrangido(a):

- Tente levá-lo(a) para casa. Se ele(a) insistir em dar prosseguimento ao fiasco, ligue para alguém da família dele(a), espere até que cheguem e se vá embora.

08 – A pessoa que te convidou, bebe acima da conta e começa a desabafar sobre suas tragédias amorosas anteriores:

- A menos que queira se ligar a alguém desequilibrado(a), ouça o que a pessoa tem a dizer, em seguida leve-a para casa e a esqueça.

09 – Vocês já consumiram, mas não querem sair do bar. Lá fora tem uma fila de espera de pessoas aguardando por mesas:

- Se preferem continuar, só tem um jeito: fazer um novo pedido. Caso contrário saiam, antes que o garçom lhes peça gentilmente que o façam. A falta de colaboração é, também, falta de civilidade.

No cinema ou teatro

"Não confunda uma sala de
espetáculo com a sala de sua casa!"

01 – Você entra na sala do cinema quando as luzes já se apagaram:

- Isso é considerado gafe. Mas se acontecer, feche os olhos por alguns segundos para se adaptar à escuridão do recinto. Em seguida entre, e, discretamente, tome seu assento. Por favor, não acenda a lanterna do seu celular para localizar sua poltrona!

02 – Um estranho, sentado ao seu lado, dorme e ronca durante o espetáculo:

- Tente acordá-lo sutilmente. Se não tiver outro jeito, se concentre na peça e aguente firme, ou veja se há a possibilidade de se assentar em outra poltrona.

03 – Durante o filme, alguns adolescentes começam a fazer algazarra a sua frente:

- Você tem três saídas: aceitar a situação, trocar de lugar ou chamar alguma pessoa responsável pela sala de projeção ou segurança do cinema. Esse tipo de atitude demonstra total falta de educação, logo, os adolescentes precisam passar por uma correção rígida.

04 – Durante o filme ou o espetáculo, você é acometido(a) por alguma indisposição fisiológica, como dor de barriga ou incontinência urinária:

- Se estiver no cinema, vá ao banheiro e, tão discretamente como saiu, retorne. Peça desculpas aos seus vizinhos de banco, em tom baixo, sem comentários desnecessários! Se for no teatro, e, se não der para "aguentar as pontas", o jeito é sair à francesa e não retornar para seu lugar! A saída de alguém durante o espetáculo, incomoda os atores e pode refletir na apresentação da peça. Permaneça no fundo do teatro.

05 – No teatro, você está assistindo a um concerto, e, em certa pausa da música, você aplaude eufórico, e só então percebe que a apresentação ainda não terminou:

- Essa é uma gafe que muitos já cometeram, portanto fique tranquilo(a). Esqueça o episódio e, da próxima vez, fique mais atento(a)!

06 – Aquela pessoa te acompanha, pela primeira vez, e adora "tietar" artistas. Ao final do espetáculo ela cisma em fazer selfies com os atores, atitude que você reprova:

- Comprar uma briga com alguém praticamente desconhecido de nada irá adiantar. O jeito é esperar pacientemente e agir com fair play. Assédio aos artistas é um comportamento inconveniente. Após um espetáculo exaustivo, tudo o que eles esperam, resume-se a cumprimentos rápidos e uma boa noite de sono.

No restaurante

Durante uma refeição, revelamos,
com mais facilidade, o nosso caráter...

01 – O cardápio está em francês, você não entende, mas quer impressionar, e pede um Soupe à l'oignon. O garçom, obviamente, irá trazer sopa de cebola:

- Nem tente insinuar que o garçom se enganou! Nesse tipo de restaurante, os garçons, além de serem bem selecionados, recebem aulas de etiqueta. Finja que a sopa será apenas uma entrada e peça sugestão ao garçom para o prato principal. Nesse caso, o pedido poderá custar caro!

02 – Você sente um impulso irresistível de registrar esse momento, fazendo fotos do restaurante, suas, e de seus convidados para aquele almoço:

- Antes de iniciada a refeição, não há problemas. Entretanto, se o motivo da reunião for muito importante, o ideal é contratar um fotógrafo profissional. E nada de incomodar o garçom, pedindo-lhe que faça os cliques. Ele já tem afazeres em excesso!

03 – No interior do restaurante, você visualiza um(a) amigo(a) durante a refeição:

- Cumprimente-o(a) com um leve aceno. Se o grau de amizade permitir, aproxime-se, deseje bom apetite e vá para a sua mesa. Durante uma refeição, assuntos que tomem o tempo da outra pessoa devem ser evitados.

04 – Um(a) amigo(a) o(a) convida para comer em um restaurante japonês, mas você não sabe lidar com o hashi:

- Esse tipo de restaurante geralmente oferece talheres comuns, portanto fique à vontade para utilizar o que for melhor para você.

05 – O garçom está demorando muito para atender o seu pedido e passa várias vezes próximo a sua mesa, sem te dar atenção:

- Chame o(a) gerente e, de forma elegante, exponha a situação educadamente. Evite chamar a atenção dos demais clientes.

06 – Ao iniciar a refeição, você nota que a mesma está estragada:

- Discretamente, você deve comunicar ao garçom e pedir outro prato. Quando for sair do restaurante, converse com o gerente sobre as condições de produção e de armazenamento dos alimentos a fim de evitar futuras denúncias à vigilância sanitária.

07 – Acidentalmente você derrama alguma bebida sobre a mesa:

- Aja naturalmente, o garçom virá até você. Entretanto, se o jantar estiver acontecendo na residência de alguém, peça desculpas pelo ocorrido e fique mais atento (a) aos possíveis incidentes. Tome cuidado para não se transformar no "meme" da noite!

08 – Seus acompanhantes de mesa têm preferência por um determinado prato que você detesta:

- Você não precisa comer uma iguaria da qual não goste só para ser gentil. Em um restaurante, cada um pode pedir o que mais gosta. Mas se o jantar for à francesa, ou à inglesa, nenhum prato poderá ser recusado. Um truque é disfarçar enquanto come outras iguarias. Nem pense em fazer discurso a respeito de sua aversão a esse ou àquele prato.

Na festa

"Uma festa bem organizada
é um investimento social garantido!"

01 – A caminho da festa, seu localizador map deixou de funcionar e você se perdeu:

- Procure manter a calma. Localize alguma farmácia ou posto de combustível nas proximidades e se oriente. Outra tática é ligar para os organizadores do evento e dar alguma pista de onde se encontra. Xingar só vai deixá-lo(a) ainda mais estressado(a).

02 – Já entre os convidados você percebe que não está trajado de acordo com as exigências do convite:

- Coloque isso na conta de suas gafes. Mas não precisa entrar em pânico ou "beber todas" para esquecer o ocorrido. Desconverse e aproveite a noite. Preste mais atenção ao 'dress code' da próxima vez.

03 – Depois de tanto esmero, você chega à festa e se depara com alguém usando uma roupa, nada básica, idêntica à sua:

- Leve na brincadeira e aja naturalmente. Afinal, tudo é festa.

04 – No salão da festa, alguém vem em sua direção com os braços abertos para um caloroso abraço. Ao corresponder ao gesto afetuoso, você percebe que o tal abraço é dirigido a alguém que está atrás de você:

- Melhor é disfarçar, olhar para outro lado e sair discretamente. Fingir que está acenando para outra pessoa pode ser pior.

05 – Você está transitando pelo salão e seu zíper estraga:

- Cobrir com as mãos ou ficar sentado(a) o resto da noite não são opções inteligentes, além de chamar ainda mais a atenção dos convivas.

Se for possível, volte a sua casa, troque de roupa e retorne. Do contrário, saia à francesa e vá embora. Depois explique, sem exagerar nos detalhes, apenas para quem te convidou.

06 – A pessoa que te acompanha, bebe em excesso e começa um discurso em voz alta, chamando a atenção dos presentes e te deixando constrangido(a):
- Advirta a essa pessoa sobre a repercussão dessa atitude. Caso não resolva, e, se a pessoa for importante para você, leve-a direto para casa. Se não, vá embora e a esqueça.

07 – O ambiente está favorável e você resolve contar uma piada, jurando que irá fazer sucesso. Mas, ao contrário do que você espera, ninguém acha graça:
- Com o advento das redes sociais, é importante ficar atento(a), pois nada mais é novidade. Não adianta repetir, todos já conhecem a tal pia-da. Melhor mesmo é mudar de assunto.

No dia a dia

Mesmo diante da correria diária,
manter a elegância é fundamental.

01 – Ao fazer a apresentação de duas pessoas, você se esquece o nome de uma delas:

- Se souber ganhar tempo, provavelmente a pessoa se identificará espontaneamente. Ridículo é tentar improvisar situações como: "Te apresento o nosso 'Rei da dobradinha!'"

02 – Ao ser apresentado (a) a alguém, você solta um espirro repentino:

- Segundo especialistas da área de saúde, não se deve segurar espirros. Por isso mesmo, evite encontros sociais em caso de resfriados.

Mas se acontecer, leve as mãos ao seu rosto para tentar preservar seu interlocutor.

O ideal é estar sempre prevenido(a) com lencinhos descartáveis. Evite piadinhas como: "Não se preocupe, não é H1N1!"

03 – Só depois de cumprimentar alguém, você percebe que se enganou de pessoa:

- Peça desculpas, naturalmente, e saia dali.

Evite perguntas inconvenientes, do tipo: "Você tem um(a) irmão(ã) gêmeo(a)?".

04 – Uma pessoa o(a) cumprimenta, mas você não faz ideia de quem seja:

- Procure, de forma simpática, perguntar de onde se conhecem, alegando, por exemplo, sua dificuldade de memorizar nomes. A pessoa irá compreender. Errado é "inventar" nomes, como: "Oneide... Cleide... já sei: Zuleide..."

05 – Você clicou no nome errado e enviou uma mensagem polêmica para o WhatsApp de outra pessoa:

- Não vale desesperar. Se não der tempo de apagá-la antes que seja visualizada, envie outra na sequência, dizendo: "Desculpe o equívoco!". A pessoa irá entender. Afinal, quem nunca se enganou? Procure ficar mais atento (a) da próxima vez!

06 – Você recebeu uma mensagem errada e ao mesmo tempo um pedido de desculpas:

- Retorne apenas com um "Ok" para a pessoa. Piadinhas a respeito são desnecessárias e inadequadas, pois a pessoa que cometeu o equívoco já ficou constrangida por isso.

07 – Ainda no WhatsApp, você enviou uma palavra equivocada, que pode comprometer seu texto, como: "Deus te elimine!", quando deveria ser: "Deus te ilumine!". A mensagem foi visualizada antes que pudesse ser apagada:

- Envie, automaticamente, a palavra correta, precedida de asterisco e com sinal de exclamação. Ex: *ilumine! Dependendo do grau de amizade, tudo ficará bem após suas justificativas. Torça para que a pessoa esqueça o episódio.

08 – Aparentemente alguém te prejudica, e você, cego de raiva, dirige a essa pessoa uma série de impropérios para, depois de tudo, descobrir que o engano é seu:

- Respire fundo e se desculpe sinceramente. Tudo irá ficar bem.

Geralmente isso acontece com pessoas precipitadas, que não conseguem ver a razão da outra.

09 – Você mora numa cidade violenta e está caminhando à noite no parque quase deserto. De repente percebe que alguém está vindo a passos rápidos atrás de você. Você começa a correr e a gritar por socorro e, só depois disso, descobre que a pessoa está tentando te alcançar para te entregar algo que viu caindo de suas mãos:

- Não adianta fingir que está louvando a Deus em voz alta, a pessoa já percebeu sua gafe.

Desculpe-se e argumente qualquer coisa convincente, como: "Você sabe que vivemos em uma cidade violenta, além do mais eu já fui assaltado(a) algumas vezes". Agradeça pela gentileza e saia logo dali.

10 – Numa avenida pública de grande movimento, uma rajada de vento vira o seu guarda-chuvas pelo avesso:

- Em primeiro lugar, verifique se ninguém se feriu. Acidentes acontecem.

Tente fechar o seu guarda-chuvas e, em seguida, abri-lo novamente. Siga em frente, sem tumultos.

11 – Numa roda de amigos, você se sente incomodado(a) ao perceber que as pessoas não conseguem tirar os olhos de você. Ao ir ao toalete, descobre que o motivo é uma casca de feijão cozido realçando entre os seus dentes:

- Higienize seus dentes, retorne e, sob nenhuma hipótese, toque no assunto.

Da próxima vez, leve um estojo de higienização bucal em sua bolsa, e adquira o hábito de, ao terminar qualquer refeição, ir primeiro ao toalete.

12 – Alguém te flagra tirando "caca" do nariz:

- Use o truque de quem está espremendo uma espinha. Se não convencer, pare imediatamente e evite esse gesto nada elegante em público. Tenha sempre em mãos lencinhos descartáveis, que são tão úteis.

13 – Aconteceu uma emergência e você precisou usar um banheiro público. Quando vai sair, percebe que a descarga não funciona:

- O jeito é sair à francesa e torcer para não ter ninguém aguardando na fila.

14 – Sentado na cadeira do seu dentista, o silêncio é total, quando você ouve, nitidamente que a barriga dele "ronca":

- Finja que está cochilando, é uma tática que funciona. Ao terminar, nem ouse tocar no assunto!

15 – O coleguinha do seu filho foi passar a tarde na sua casa e quebrou um objeto caro dele (de seu filho):

- Chame os pais dessa criança e mostre o ocorrido. Provavelmente eles pagarão os prejuízos. Não aceite os fatos como "coisas de criança", pois dessa forma estará incentivando a irresponsabilidade.

16 – Alguém, com muito entusiasmo, te mostra, por exemplo, um sofá que acabou de comprar e pede a sua opinião a respeito. Você acha o objeto horroroso:

- Não precisa mentir, dizendo que achou lindo! Procure encontrar alguma qualidade e elogie o objeto. Ex: "Parabéns pela aquisição, realmente seu sofá parece ser muito confortável!".

17 – Numa conversa entre amigos, você discorda veementemente de um determinado assunto e resolve "tirar a limpo" ali mesmo, consultando o Google. Para seu desespero, descobre que o(a) equivocado(a) é você, e não seus amigos:

- Cuidado com infalibilidades, isso deixa transparecer exibicionismo e afasta os amigos. Faça um mea culpa e procure se atualizar mais.

18 – Finalmente você conseguiu um encontro com aquela paquera, e, a caminho do motel, seu pneu fura:

- Se seu carro tiver seguro, acione o mesmo e simplesmente espere pelo socorro. Caso contrário, a única saída é trocar, você mesmo(a), o bendito pneu. Mesmo com raiva, controle-se e tente fazer disso algo romântico!

19 – Num primeiro encontro, você chama a pessoa que está te acompanhando pelo nome do(a) ex:

- Isso não é nada natural e pode atrapalhar, principalmente se a outra pessoa estiver a fim de você.

Peça desculpas e encerre o assunto. Por favor, trate de prestar mais atenção e ter foco no momento.

20 – Seu celular ficou ligado e toca justo durante a reunião na sua igreja:

- Saia do recinto imediatamente e, se possível, desligue o aparelho. Entrar para esse tipo de reunião com o celular ligado é demonstração de falta de educação. Imagine se estiver em uma reunião mediúnica, no centro espírita.

21 – Durante uma conversação, você inicia um determinado assunto, mas ninguém presta atenção ao que você diz:

- Talvez o assunto abordado por você seja pouco interessante. Não adianta pedir que te ouçam, melhor encerrar a conversa e, no momento certo, entabular nova conversação.

22 – Durante um momento inoportuno, por exemplo, um funeral, você tem uma crise inesperada de riso e não consegue se controlar:

- De acordo com especialistas, esse tipo de descontrole emocional, quando se manifesta, demora a cessar. Por isso, o melhor é ir embora antes que alguém perceba. No momento certo, dê uma desculpa convincente.

23 – Você está em casa com aquela roupa velha, sem maquiagem e descabelada. De repente precisa ir correndo ao supermercado perto de sua casa. Lá chegando, dá de cara com aquela amiga chique e sempre bem arrumada:

- Não adianta tentar se esconder por trás das prateleiras ou dar explicações. Tente esboçar um largo sorriso, cumprimentando efusivamente sua amiga. Isso fará com que ela esqueça o episódio. Lembre-se disso da próxima vez e passe pelo menos um batom!

24 – Alguém o(a) comunica sobre o falecimento do Roberto, por exemplo. Você liga para a "viúva" e, só depois de dar os pêsames, percebe que o falecido é outro Roberto:

- Peça desculpas pela gafe. Ficar "remendando" por duas horas ao telefone de nada irá adiantar. Aceite os fatos e leve na esportiva.

O bom senso recomenda que notícias dessa gravidade sejam averiguadas antes de serem "passadas pra frente".

25 – Um antigo colega de trabalho, que você não via há anos, faleceu e você vai ao velório prestar sua última homenagem. Na entrada, não lê o nome do morto e entra no velório errado. Chega, então, próximo à urna funerária (lacrada) e "conversa" com o falecido, perto de todos, chamando-o de por um nome que não é o dele:

- Nesse caso, o jeito é relaxar, pedir desculpas e encontrar o velório certo.

26 – Ao entrar no avião, você percebe que tem alguém sentado na poltrona "reservada" por você. Só depois de criar o maior caso, você descobre que sua poltrona é outra:

- Reconheça seu erro e peça desculpas. Tome mais cuidado com atitudes precipitadas.

27 – No avião, seu vizinho de banco dorme profundamente e, sem perceber, debruça sobre seu ombro:

Acorde-o e coloque-o a par do ocorrido. Se a cena se repetir, chame a comissária e relate a situação. A tripulação de um voo é responsável pela segurança de seus passageiros.

28 – Durante uma viagem de negócios, você se hospeda em um hotel de luxo, daqueles que anotam seu nome e endereço completo.

Dias depois de ter retornado para a sua cidade, você recebe, pelos correios, uma peça íntima rasgada, que você havia esquecido no tal hotel:

- O conselho é que jamais volte a se hospedar ali. Devolver o objeto, dizendo que não é seu, agravará a situação. Cuide melhor de seu enxoval de viagem da próxima vez.

29 – Ao entrar naquela farmácia, você flagra seu amigo comprando remédio para tratamento de disfunção erétil:

- Cumprimente-o e finja que não viu o produto da compra. Diga que está com pressa, pegue algum produto e se mande do local. Nada mais desagradável que piadinhas do tipo: "E aí, Fulano... se virando nos 'enta', hem?"

30 – Ao contrário do episódio anterior, você precisa comprar o mesmo remédio, mas não tem coragem de dizer o nome do produto ao(a) balconista da farmácia:

- Apesar da facilidade de compras pela internet, improvisos acontecem. Crie coragem e vá à luta! Cochicar o nome do produto nos ouvidos do(a) atendente, além de chamar a atenção, é constrangedor para todos, principalmente para você.

31 – Você precisa de um oncologista e se lembra do Dr. Onofre, aquele médico que cuidou de um familiar seu há quinze anos. Pesquisa até encontrá-lo e marca uma consulta com o mesmo.

A secretária, por engano, manda você entrar na sala de outro médico, e você percebe que, apesar dos anos transcorridos, ninguém fica tão diferente. Para piorar, a especialidade desse médico é otorrinolaringologia.

- Cumprimente normalmente o médico e relate o ocorrido. A falha da secretária é grave e cabe ao médico decidir o que fazer.

Gafe imperdoável é fazer piadinhas com o momento, do tipo: "Nossa, Doutor, o senhor era tão magrinho!"

32 – Você chegou à terceira idade com uma audição perfeita. Ao chegar à agência lotérica para fazer um pagamento, você entra na fila preferencial. A moça do caixa te faz uma pergunta, você não ouve direito e pede que ela repita. Então ela repete em tom muito alto, supondo que você, pela idade, seja surdo:

- Leve literalmente na esportiva. Dê um largo sorriso e tente entender a situação. Afinal, a atendente é treinada para isso.

33 – Em um evento importante, você transita pelo salão e, inadver-
tidamente, bate o rosto em uma porta de vidro:

- Provavelmente, alguns virão em seu socorro. Agradeça e, se não
se machucou, siga em frente. Nada de "excomungar" a porta e passe a
prestar mais atenção enquanto anda.

34 – Ao chegar ao estacionamento, distraidamente você tenta abrir
a porta de um carro idêntico ao seu:

- Aja naturalmente. Se estiver acompanhado, peça desculpas pelo
ocorrido, e sinta-se aliviado(a) por não ter sido flagrado(a) pelo verdadeiro dono do veículo!

35 – Ao subir ao palco, para receber uma homenagem, você se
desequilibra e cai em frente ao auditório superlotado:

- Se não houve consequências maiores, o jeito é levantar-se e dar
prosseguimento ao que foi proposto. Em tempos dinâmicos, cinco minutos depois ninguém se lembrará mais do ocorrido. Fingir que des-
maiou para causar comoção ou rogar praga em quem encerou o palco
só irá render comentários. Nesse caso, é importante ter fair play.

36 – Só depois de chegar em casa, você se dá conta que aquela ca-
neta de prata, que pediu emprestada para um amigo, está na sua bolsa:

- Faça contato imediatamente, se desculpe e devolva o objeto o mais
rápido possível, antes que seja tomado(a) por cleptomaníaco(a).

Parte II

Etiqueta - auxílio rápido para eventos sociais

Por que conhecer regras de etiqueta?

Etiqueta é uma ferramenta facilitadora da boa convivência, que propicia, às pessoas, maior desenvoltura social e profissional.

Estudos indicam que o mais antigo livro de etiqueta foi escrito pelo Faraó Ptahhotep ao seu filho e sucessor por volta de 2.000 a.C. No livro, o Faraó recomendava que um bom governo só se faz observando as normas de comportamento. O livro se encontra hoje na Biblioteca Municipal de Paris.

No Brasil, a etiqueta teve maior influência com a transferência da corte real de Portugal para o Rio de Janeiro. O objetivo era transformar a nova capital numa cidade igual às cortes europeias.

Nos dias atuais, existe uma grande busca de pessoas interessadas em aprender etiqueta. Algumas instituições de ensino diferenciado e mais abrangente já inseriram essa área de conhecimento entre suas disciplinas. Assim, o domínio das regras de etiqueta deixou de ser opção para se tornar necessidade.

A seguir, apresentaremos regras básicas de boas maneiras, envolvendo assuntos tais como: comunicação e expressão verbal, vestuário correto, comportamento à mesa, dentre outros.

Comunicação e expressão verbal

"Saber se comunicar é atalho para o sucesso pessoal e profissional. Quem fala bem demonstra competência, conquista simpatia e ganha espaço"

Autor desconhecido

1 – Postura Corporal

Pesquisas confirmam: "As pessoas formam 90% de sua opinião a nosso respeito, nos quatro primeiros minutos de contato". E certamente a nossa postura corporal contribuirá muito para essa formação de opiniões.

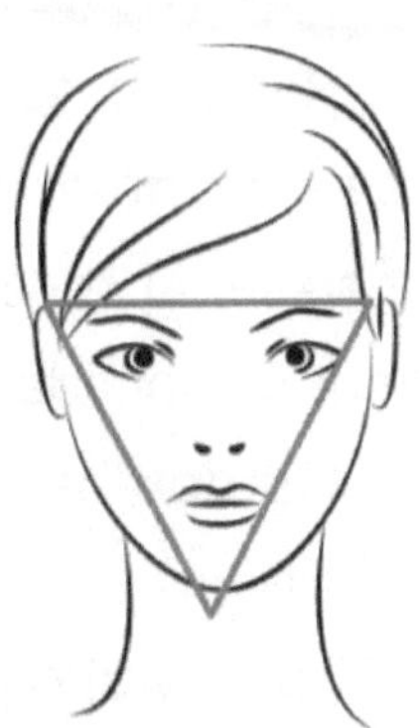

Direcionamento do olhar – durante uma conversação, direcione o olhar de forma segura para o rosto da pessoa. Imagine, nesse rosto, um triângulo com o vértice voltado para baixo, iniciando na altura dos olhos e terminando no queixo. Somente a parte do rosto que fica dentro do triângulo deve ser fitada enquanto durar a conversação.

Ao sentar-se, evite dobrar o corpo. Mantenha a coluna ereta com o encosto da cadeira e os pés retos com o chão. Se a cadeira tiver suporte de apoio, descanse um braço por vez e não os dois ao mesmo tempo. Durante uma leitura, segure o livro com as duas mãos, na altura da cintura, voltado para os olhos.

2 – Apresentações

Saber comportar-se corretamente diante de apresentações em público soma pontos para a imagem pessoal.

Regrinha básica: ao fazer as apresentações, dirige-se à pessoa mais importante, considerando o nível social ou hierárquico desta, e apresenta-lhe a pessoa menos importante. Assim, um(a) aluno(a) é apresentado(a) ao(a) professor(a) entre outros. Ex.: "Professora Ana, apresento-lhe a aluna Isis".

Como receber as apresentações - É elegante que um homem se levante ao ser apresentado a qualquer pessoa. A mulher permanece sentada, exceto se for apresentada a uma pessoa muito idosa, uma autoridade de alta patente etc.

Ressalva: se a mulher estiver em um evento onde as demais mulheres se levantam ao serem apresentadas, esta também poderá levantar-se ao ser apresentada a alguém. Mesmo errado, o importante é não se sentir deslocada.

Os "dois beijinhos", tão usuais durante as apresentações, só são permitidos em eventos informais, portanto evite! O correto é dizer: "Como vai?", ou: "Muito prazer!"

3 – Cumprimentos

Um cumprimento verbal ou gestual pode somar pontos, ou não, à elegância do interlocutor.

Ao serem apresentadas, quem cumprimenta primeiro é a pessoa de maior importância, seja por título ou hierarquia. O cumprimento pode ser feito por meio de uma leve curvatura de cabeça, mas o ideal é estender a mão.

Ao encontrar algum(a) conhecido(a) que esteja acompanhado(a), pode cumprimentá-lo(a) naturalmente. Cabe a este(a) fazer as apresentações da pessoa que o(a) acompanha.

Assim como na apresentação, a regra não muda, ou seja: a pessoa de maior relevância é quem inicia uma conversação.

4 – Aperto de mão

"O aperto de mão é um gesto revelador de caráter. Poucos dominam essa arte, mas aqueles que a conhecem e praticam têm poder de convencimento". Autor desconhecido

O contato das mãos deve ser firme, rápido e sincronizado com o direcionamento do olhar aos olhos do interlocutor. Oferecer mão mole ou somente as pontas dos dedos é deselegante.

Apertar a mão com força e/ou sacudir a mão do interlocutor, é considerado agressivo. Evite que as mãos estejam com aspecto de suor.

Deixe os cumprimentos com abraços para as despedidas, e os "tapinhas nas costas" para os políticos.

5 – Conversação

A conversação é vital para o sucesso de qualquer reunião, seja ela social, afetiva ou profissional.

Todos podem se comunicar, entretanto, conduzir uma conversa de forma amistosa e producente, só se aprende com muita leitura e observação de alguns valores.

A pessoa bem-vinda a uma roda de conversação, é aquela que: procura se inteirar do assunto em pauta, cuida de sua dicção, sabe direcionar o olhar e participa da conversa de forma desenvolta. Além disso, espera a sua vez de falar, é simples sem ser simplória, e domina a arte da crítica construtiva.

Existem pessoas que são ignoradas durante uma conversação por não saberem se posicionar corretamente com as palavras, gestos e modos.

Conheça, a seguir, os 13 "tipos" mais reprovados durante a conversação:

01 – O exibicionista: é o tipo que, entre amigos, adora chamar a atenção para si: faz questão de demonstrar "poder", interrompe para contradizer, dá palpites que não foram pedidos e não admite opiniões contrárias às suas;

02 – O inseguro: exagera o tom de voz com o objetivo de convencer o ouvinte, tentando, dessa forma, impor suas ideias;

03 – O "possesso": enquanto conversa, esse tipo gesticula muito, cutuca seus interlocutores e dá tapinhas nas costas dos mesmos. Às vezes espuma o canto da boca, causando repugnância nas pessoas à sua volta;

04 – O antissocial: geralmente é caladão. É difícil interpretar se esse tipo é tímido ou esnobe;

05 – O maledicente: por falta de assunto, esse tipo preenche o seu tempo falando mal de alguém ou de alguma coisa;

06 – O franco: é antipático e contrário à boa educação. A expressão: "me desculpe a franqueza, mas..." é a favorita de seu repertório;

07 – O indiscreto: mais conhecido como "chato", esse tipo insiste quando deve silenciar, e silencia quando deve falar;

08 – O inconveniente: se beneficia da amizade para fazer observações desagradáveis, do tipo: "Desculpe, mas você deveria fazer uma bariátrica...";

09 – O curioso: é o tipo invasivo, que pergunta tudo. Ex.:"Essa casa é sua ou alugada?", ou: "Você está grávida?", ou ainda: "Quantos anos você tem?".

10 – O bajulador: faz elogios exagerados o tempo todo. Popularmente conhecido como "puxa-saco", esse tipo geralmente é falso;

11 – O "vampiro": esse tipo "suga" as pessoas com desabafos como: dificuldades financeiras, desencontros amorosos, brigas na família etc.;

12 – O "giriólatra": fala gírias pesadas o tempo todo: "passar o rodo", "tá dominado", "tigrão" etc. No meio profissional, a menos que seja um artista cômico, esse tipo provavelmente terá uma carreira mal sucedida;

13 – O "gafiólatra": comete gafes o tempo todo. Ex.: é o primeiro a chegar e o último a sair das reuniões sociais, faz perguntas e afirmações como: "Seus olhos são dessa cor, ou são lentes?", ou: "Como você consegue ficar tanto tempo sem transar?", ou ainda: "Nossa, como você envelheceu!".

Todos cometemos erros, mas é sempre tempo de burilar o nosso comportamento. Antes de falar, respire corretamente e tenha uma atitude confiante. Grave a sua voz, escute-a e localize suas dificuldades, corrigindo-as; procure um bom curso de oratória, isso ajuda bastante.

6 – Gestos

O nosso corpo, por meio dos gestos, denuncia nossa imagem todo o tempo. Significados de gestos mais comuns:

- Coçando a nuca ou segurando o nariz: insegurança, mentira;
- Mão apoiando o queixo: falta de interesse, pensamento negativo;
- Braços cruzados: resistência;
- Braços e pernas cruzados: "fechado(a) para o diálogo";
- Pernas cruzadas, mexendo no cabelo: deboche, ironia;
- Pernas balançando continuamente: ansiedade e nervosismo;
- Olhos desviados: insegurança ou medo;

*Créditos: livro, O Corpo Fala: Pierre Well e Roland Tompakow

7- Comunicando-se nas redes sociais

As redes sociais como meios de comunicação de grande alcance revolucionaram a forma como as pessoas e as organizações se interagem. Os conselhos a seguir ajudarão a evitar constrangimentos nas redes sociais:

- Evite passar a imagem de viciado, ficando vinte e quatro horas online;
- Cuide do seu vocabulário e da sua escrita: revise os seus comentários para evitar erros ortográficos. Erros grosseiros como: "postei uma **fotinha**", "**paçei** no vestibular", "academia me deixa **meia** cansada" ou "quando **mim** interessa, corro atrás", lamentavelmente são comuns nas redes sociais;
- Letras maiúsculas (exceto se utilizadas para títulos de assuntos) podem ser interpretadas como grito ou exibicionismo, por isso, evite-as nas redes sociais;
- O excesso de palavras abreviadas pode ser interpretado como descaso;
- Figurinhas em excesso (como Emoticons) não são de bom tom, além de infantilizar o texto;

- Não exponha, sob qualquer pretexto, contatos pessoais como números de telefones, endereços etc. Use as mensagens privativas para esse fim. Informações dessa natureza só são permitidas pelas regras de etiqueta, se forem de caráter profissional;
- Salvo se for um estudioso do assunto, não compartilhe mensagens polêmicas ou comentários sobre estas. Ao argumentar, faça-o embasado em fontes sérias;
- Curta somente as postagens com as quais tenha afinidade. Se quiser comentar, o ideal é curtir antes;
- Não "curta" posts negativos como lutos, doenças etc. Curtir significa que gostou. No máximo, faça um breve comentário lamentando o ocorrido;
- Curtir ou compartilhar informações de pessoas que não são "amigas", só será pertinente se realmente valer a pena. Neste caso, o comentário deverá ser formal e breve;
- Não curta o próprio status. Deixe que os outros o façam;
- Evite, a todo custo, opinar sobre postagens polêmicas. Briga virtual é considerada gafe;
- Nunca se exponha através de comentários íntimos ou fotos sensuais. Não confunda sites de relacionamento com diário pessoal. Antes de postar fotos de biquíni, pense se deseja mesmo essa exposição;
- Procure evitar desabafos em redes sociais. Além de não trazer nenhuma solução para os problemas, poderá criar uma situação constrangedora;
- Não imponha a sua religião aos outros. Muito menos marque as pessoas com imagens de santos ou vídeos religiosos, a não ser um "irmão de fé";

- Não compartilhe ou comente notícias impactantes, como mortes de celebridades, sem ter certeza. Pesquise os sites e só depois de se certificar de que não se trata de fake news, poderá fazer algum comentário, caso deseje;
- Cumprimentar amigos (as) por ocasiões importantes, como aniversário, formatura, etc., é importante, mas um telefonema continua tendo maior impacto. A vida real continua bem mais valorizada do que a virtual;
- Evite *flood* (inundação) nas páginas dos outros com as suas postagens;
- Apague publicações indesejáveis que foram impostas à sua página. Isso não é considerado descortesia;
- Não aceite desconhecidos como "amigo(a)" e não acumule milhões de "amigos(as)". Deixe isso para as celebridades;
- Caso algum "amigo(a)" esteja incomodando, pode bloqueá-lo sem a preocupação de estar cometendo indelicadeza;
- Pelo menos uma vez por ano, dê um "limpa" em publicações antigas;
- Se desejar compartilhar alguma pesquisa, descoberta recente ou notícia impactante, procure saber sobre a seriedade do site: observe a fonte, quem é o autor, se tem erros ortográficos, se as informações são procedentes. Com muita frequência, grande parte das informações (independentemente do assunto) é inconsistente e infundada.

Vestindo-se corretamente

A elegância não está associada a marcas famosas,
e sim à composição dos looks.

1 – Breve história da moda

O vestuário está presente na vida humana desde os tempos da pré-história: a princípio, as pessoas se cobrem com as folhas das árvores para se protegerem do frio. Com o passar do tempo, os habitantes das cavernas descobrem que a pele dos animais aquece mais que as folhas, razão pela qual elas são substituídas. A partir daí, inventa-se a moda e, com ela, a vaidade: ao perceberem que a pele das panteras se destaca entre as demais, os sacerdotes das tribos proíbem o seu uso entre as pessoas comuns, ficando esse uso destinado somente aos líderes, conferindo-lhes, assim, maior status.

O processo de confecção das peças é extremamente rústico: a pele do animal, depois de limpa, é curtida, até ficar bem macia. Em seguida é "costurada" com o auxílio de uma "agulha" feita de osso pontiagudo, com um furo em uma das extremidades, para a passagem da "linha". A "linha", por sua vez, é feita de finas tiras extraídas do próprio couro, ou de tripas secas de animais.

Os adornos das "roupas", ficam por conta das conchas, sementes, pedras coloridas e dentes de animais.

Até então, as únicas fontes inspiradoras que o homem e a mulher possuem para criar suas vestimentas vêm da natureza e dos animais.

Milhares de anos se passam e as tendências das roupas evoluem, de acordo com o progresso tecnológico, científico e até mesmo comportamental de cada época.

Vamos dar um salto para a Era Cristã, mais especificamente para o final da Segunda Guerra Mundial, em 1945: por causa da miséria disseminada pela guerra, o governo decreta o racionamento de quase todos os produtos, inclusive dos tecidos.

A escassez de tecidos força as mulheres a colocarem em prática a sua criatividade, como: customizar e/ou reformar suas roupas, utilizando material alternativo. Essa adversidade acaba por definir a moda da época: os estilistas recriam as famosas fardinhas militares, esquecidas no final da década anterior. O corte da roupa, em estilo militar, é reto. Os tecidos são pesados e resistentes. A saia tem pregas e são um pouco mais curtas (à altura da canela). Os vestidos que imitam saia com casaco caem no gosto feminino. Os trench-coats (casacos), os tailleurs da marca Chanel, deixam as mulheres mais chiques.

A moda "pega" tanto pela pequena quantidade de tecidos usados para a confecção das peças (em tempos de crise) quanto pelo seu charme, que encanta até os dias atuais nas correntes da moda retrô.

Coco Chanel, uma das estilistas mais famosas da época, se vê forçada a fechar sua casa de moda em Paris por causa da recessão. No período pós-guerra, a casa é reaberta e volta a encantar o mundo com sua marca elegante e simples. Suas roupas vestem as grandes atrizes de Hollywood e seu estilo dita a moda em todo o mundo: casaquinhos de tweed, a elegância do preto e branco, enfim, seu estilo único, defende a simplicidade contra os excessos de adornos da época.

Outro estilista que marca essa época é Christian Dior, que surpreende a todos com sua primeira coleção luxuosa e sofisticada, que vem mudar todo o conceito de praticidade e simplicidade dos tempos de guerra. As mulheres, cansadas da escassez, clamam pela elegância e pelo luxo perdidos e, assim, caem de amores pelo estilo Dior, o que faz com que o então jovem e iniciante estilista se transforme em um dos maiores nomes da história da moda mundial.

Na década de 50, com a chegada da televisão, as propagandas invadem e inovam a vida das pessoas. Os Estados Unidos aprimoram suas telecomunicações e se tornam modelo de prosperidade. A década fica conhecida como "Anos dourados".

A necessidade de maior independência começa a fazer parte dos anseios femininos.

Na França, a atriz Brigitte Bardot, sexy symbol do momento, influencia a moda com sua paixão pela liberdade: calças de fio helanca coladas ao corpo, camisetas justas deixando a barriguinha à mostra, blusas "tomara que caia" e saltos altíssimos chegam a escandalizar, mas encantam especialmente as mulheres.

Estilistas, atendem ao clamor do povo pela independência, e criam, ao som metálico do nascimento das bandas de rock, uma moda que se rebela contra os padrões da época: calças cigarretes, suéter e as famosas camisas femininas. Essa mistura de roupas femininas, utilizando cortes masculinos, veste o elenco do filme "Um bonde chamado desejo" (1951), estrelado pelo ator Marlon Brando. Com a explosão de bilheteria do filme, essa moda se transforma em símbolo da juventude da época.

Nessa década o italiano Pierre Cardin funda sua própria Maison, em Paris, e lança a moda futurista com a criação do "vestido bolha", estilo que o projeta internacionalmente. Outro lançamento do estilista, que faz grande sucesso, é a moda unissex.

Pierre Cardin é responsável também pela primeira coleção Prêt-à--porter (pronto para vestir), para lojas de departamento.

*Segundo o Blog POP & ARTE (maio de 2019), Pierre Cardin (96 anos), ao ser perguntado se: "Há coisas a fazer?", responde: "Os vestidos pintados no corpo é algo do futuro. Se tivesse 20, 30 anos é o que faria".

Na década de 60, com a descoberta da pílula anticoncepcional, a mulher passa a ter o direito de planejar o número de filhos desejado.

O homem pousa na Lua e registra, fora da atmosfera, as primeiras fotos da Terra.

A explosão dos Beatles e dos Rolling Stones na Inglaterra, e o movimento da jovem guarda no Brasil, se incorporam ao grito da juventude contra a opressão imposta pela sociedade hipócrita da época.

Aproveitando-se da agitação do momento, a estilista britânica Mary Quant corta todas as suas saias no comprimento, deixando algumas peças até 30 centímetros mais curtas. Está criada a famosa minissaia, sucesso que dura até os dias atuais.

Surgem as calças saint-tropez (cintura baixa), usadas com mini blusas, que deixa à mostra a região do umbigo.

Ives Saint Laurent desponta na década de sessenta, e lança o vestido trapézio, o smoking feminino e as famosas botas de cano longo, grande sucesso até os dias de hoje.

O estilista dá um "boom" em sua carreira com a criação de figurinos para o teatro e o cinema, vestindo atrizes como Cláudia Cardinale, no filme: "A Pantera Cor de Rosa" (1963).

Outro ícone da moda dessa década é Jacqueline Kennedy, ex-primeira-dama dos Estados Unidos.

Jackie (como fica conhecida) tem o seu nome imortalizado na história da moda. Seu estilista pessoal, o francês Oleg Cassini, transforma a Primeira-dama em sinônimo de elegância: com suas saias retas, seus vestidos geométricos, lenços de seda, óculos tamanho maxi, e seus inseparáveis colares de pérolas, com uma, duas ou três voltas (usados de acordo com a ocasião), Jacqueline Kennedy até hoje é reverenciada nas passarelas da moda do mundo inteiro.

Nos anos 70, com a ampliação do comércio externo brasileiro, uma mentalidade mais comprometida com o empreendedorismo, começa a dar forma aos primeiros anos dessa década.

Por outro lado, algumas pessoas optam pela busca intelectual.

Ao embalo das canções de Raul Seixas e da banda Secos & Molhados, o misticismo também entra em cena nos anos 70.

Entretanto, o contexto eclético de novos empreendedores, de jovens cientistas e de rituais de mantras, não impede a mudança drástica da economia, advinda da crise do petróleo.

Diversos países sofrem o impacto, o que gera uma inflação muito alta. No Brasil, ela atinge a casa dos 80%.

Sem condições de maiores investimentos para aquisição das ferramentas necessárias para o combate às pragas da lavoura, os agricultores intensificam a carga manual de venenos, provocando, dessa forma, excesso de agrotóxico nos alimentos.

Como é de se esperar, as doenças de pele e respiratórias aumentam, surgindo, então, a chamada "Revolução verde" numa campanha para cultivo de alimentos com pouco ou nenhum uso de agrotóxicos.

Preocupados com esse cenário, grupos de jovens de todo o mundo, num comportamento coletivo de contracultura, criam o movimento hippie de "Paz e amor", que prega a liberdade do corpo e da alma, e total devoção à natureza.

De olho nos últimos acontecimentos, estilistas criam uma moda alternativa: vestidos com motivos românticos, calças "boca de sino", batas bordadas e pintadas com motivos da natureza, bandanas, bijuterias artesanais e sandálias de couro. A moda, em tons claros, como as cores rosa claro, azul bebê e branca é adotada pelas pessoas de todos os continentes, especialmente pelos adeptos do movimento "Paz e amor", os hippies.

Por outro lado, a inflação inspira a moda dos jeans rasgados, desbotados, manchados e/ou remendados.

Além do estilo hippie, a moda dos anos 70 sofre a influência das discotecas e dos filmes marcantes como "Os embalos de sábado à noite, com John Travolta, dentre outros. Assim, uma moda paralela, adota discretos brilhos se faz presente, embora tenha prevalecido as cores claras e maquiagens pálidas.

Mas as saias plissadas sobressaem e se tornam a "coqueluche" da década.

Os anos 80 chegam trazendo um grande avanço tecnológico. Bill Gates e Paul Allen fundam a Microsoft, que fabrica, licencia e vende softwares, dando um verdadeiro "up" aos computadores.

Sem dúvida, é uma década de muita evolução e, claro, a moda não fica de fora. As cores rosa claro, azul bebê e o nude dos anos anteriores perdem popularidade, dando lugar para o brilho e o glamour. A modernidade das telas do computador e do brilho dos CDs inspira as roupas com cores em neon, as "pedras e brilhos" e as saias com babados sobrepostos em várias cores. As maquiagens exageradas no estilo Drag queen são sucesso absoluto.

Com o aumento da obesidade, profissionais da área da saúde começam a se preocupar seriamente com o sedentarismo das pessoas: nutricionistas se empenham em criar novas tendências alimentares e as campanhas em prol dos cuidados com a saúde abarrotam as academias de pessoas em busca de um corpo sarado. Surge o movimento "geração saúde", e, com ele, o culto ao corpo.

Essa "onda" inspira a moda fitness: collants/bodys, blusas cropped, camisetas tipo remador, calças leggings entram para a "crista da onda".

Nos anos 90, a população se vê diante da última década do segundo milênio e as expectativas de um mundo melhor toma conta das pessoas.

O mundo se transforma mais uma vez graças à evolução da tecnologia: a internet entra em inúmeras casas e os celulares viram febre entre os brasileiros.

Na expectativa da chegada do novo milênio, as pessoas começam a se preocupar com a preservação do planeta. Dessa forma, a nova moda é inspirada no estilo minimalista, ideia que defende poucas peças de roupas com as quais pode-se formar vários looks. Assim, as camisetas clean e as calças retas colocam um fim aos excessos dos anos 80. As roupas passam a ser valorizadas pelo bom gosto e não somente pela etiqueta.

Marcas famosas como Gucci, Prada e Armani criam modas alternativas para pessoas de classe média e encontram um nicho de mercado lucrativo, e democrático.

Surgem tecidos mais leves e acabamentos com maior conforto e liberdade ao movimento do corpo.

Os famosos terninhos femininos fazem sucesso à época.

As calças jeans de cintura alta, o slip dress, a lingerie à mostra sob blusas transparentes e a jaqueta de couro se destacam.

As top models Linda Evanglista, Cindy Crawford, Naomi Campbell, e ChristyTurlington dominam as capas das revistas mais famosas do mundo, como Vogue, Elle etc.

A top model brasileira Gisele Bündchen é descoberta por olheiros em 1994, e até os dias atuais dita tendências para o mundo.

Enfim, o terceiro milênio...

Dezenove anos se passaram desde a virada do milênio.

Com a alta velocidade da internet, as redes sociais chegam para mudar o comportamento das pessoas: comunicação instantânea, mapas direcionados por satélites, games de alta precisão, tudo colabora para uma mudança radical do planeta. A comunicação veloz e simultânea, e o excesso de informações, transformam o comportamento das pessoas, tornando-as mais impacientes.

O mundo é assolado pelos crimes ambientais, crimes organizados e por atentados terroristas.

Nesses quase vinte anos transcorridos dentro do terceiro milênio, com o desenfreio do progresso e suas consequências, a moda também "surta": "pega carona" na máquina do tempo, viaja pelos anos 40, 50, 60, 70 e 80, e traz o eclético da tendência retrô para as duas primeiras décadas do terceiro milênio, como os boleros, as fardinhas militares, as boinas, os tamancos, os babados, os vestidinhos, as jaquetas, os jeans rasgados etc.

Tal qual o avanço da tecnologia e da ciência, a moda traz uma mistura de tendências que explode nas passarelas, e abre caminho para o surgimento de milhares de novas grifes, sonho dos(as) fashionistas.

Com a nova década que se aproxima, tudo indica que estamos entrando para a era do turismo espacial, com a corrida insana de astronautas ao planeta Marte e a outras dimensões espaciais.

Uma matéria publicada na revista Galileu em 13 de outubro de 2019 anuncia que "a NASA está desenvolvendo um novo traje espacial para ser utilizado a partir da Missão Artemis III, jornada que deve levar, pela primeira vez, uma mulher astronauta até a Lua em 2024".

Inspirada na "Era espacial", provavelmente a moda sofrerá uma mudança drástica. A criação de roupas desenvolvidas a partir de tendências espaciais será uma realidade nas próximas décadas. Certamente os estilistas optarão por roupas que permitam liberdade plena de escolha, independentemente da ocasião. Nesse caso, as regras da etiqueta sobre trajes também sofrerão mudanças.

2 – RSVP*/ dress code

Embora o mundo fashion esteja em vias de enfrentar grandes mudanças por causa das transformações interplanetárias, por enquanto nada muda. Dessa forma, continuam prevalecendo as regras que regem os diferentes gêneros dos trajes de acordo com as ocasiões correspondentes.

Quando o evento é formal, o convite especifica o tipo de traje exigido para a ocasião. É considerada grande descortesia o comparecimento em trajes diferentes ao que foi solicitado.

Assim sendo, fique atento(a) ao tipo de traje especificado no convite da festa para a qual você foi convidado(a).

*RSVP, é uma expressão em francês (Réspodez S'il Vous Plaît), que, traduzido para o português, significa, "Responda, por favor!" A sigla é usada no rodapé dos convites para eventos formais, seguida do traje exigido para a ocasião. Para esse tipo de convite, a confirmação ou não da presença é obrigatória.

3 – Modalidades dos trajes

Traje esporte

Para as mulheres: calças ou saias estampadas ou lisas, tops, camisetas coloridas ou camisas. Vestidos em crepe, algodão ou linho.

Maquiagem discreta, cabelo solto, bolsas estilo grande e sandálias mais abertas.

Para os homens: calças de brim, gabardine ou jeans. Camisas estilo polo, calçados mocassins, cintos de fivelas grandes.

Ocasiões: almoços, churrascos, cinema, aniversários, coquetéis etc.

Traje passeio ou esporte fino

Para as mulheres: vestidos ou saias com camisas; os tecidos devem ser em sedas, microfibras, algodões finos etc.

A maquiagem é menos carregada durante o dia e em tons mais coloridos à noite. O cabelo poderá ser solto ou preso com um coque frouxo. As bijuterias devem ser de boa qualidade, as bolsas são maiores e as sandálias ligeiramente fechadas, com saltos médios.

Para os homens: calças esportivas em brim ou gabardine. A camisa pode ser gola polo, compondo com blazer, ou terno sem gravata. O calçado sugerido é sapato social de amarrar, sem brilho.

Ocasiões: almoços mais formais, conferências, teatro clássico.

Traje passeio completo ou social

Para as mulheres: vestidos de tecidos finos discretamente bordados ou terninhos com decotes discretos. O comprimento pode ser curto ou longuete.

Permite-se uma maquiagem um pouco mais carregada e o cabelo deve ser preferencialmente preso. As semijoias de boa qualidade, preferencialmente as pérolas, são bem-vindas. As bolsas devem ser pequenas, estilo carteira feminina. Sandálias lisas, de salto, sapatos fechados de salto ou botas sociais (depende do clima), são os calçados ideais.

Para os homens: terno de padrão escuro, camisas lisas sem botão no colarinho. A gravata deve ser lisa e em tom escuro. Os sapatos ideais são os clássicos de couro liso, admitindo-se os de cadarços.

Ocasiões: casamentos, jantares, coquetéis, concertos, formaturas etc.

Lembrete: o fraque ou o meio fraque é um outro tipo de terno geralmente usado pelo noivo.

Fraque – para casamentos realizados à noite ou durante o dia. Calça cinza risca de giz, camisa branca. Colete cinza claro de abotoamento duplo. Paletó com cauda longa, na cor grafite e abotoado. Pode ser composto por camisa branca, gravata social cinza prateado, ou camisa branca de gola alta, com plastrom (gravata em cetim, cinza perolado, mais larga e com pontas arredondadas). Um cravo na lapela ou lencinho dobrado no bolso superior do paletó (ao lado da lapela) fica muito elegante.

Meio fraque – indicado para casamentos durante o dia ou mais informais à noite, o meio fraque é uma invenção dos latinos. Calça risca de giz, paletó grafite, sem cauda (usa-se desabotoado). Colete cinza, camisa branca e gravata cinza.

Traje Rigor

O traje rigor é dividido em duas modalidades:

Rigor/ black-tie

A mulher deve optar por um vestido em tecido fino. O comprimento poderá ser curto, longuete ou longo. Os decotes e fendas ousados são permitidos, lembrando-se da importância de usar o bom senso. A maquiagem é mais carregada, e o cabelo deverá ser preso e, se for muito curto, o ideal é aplicar fixador. As joias mais indicadas são as pedrarias (verdadeiras ou semijoias). O calçado pode ser sandália social ou sapato, ambos de salto.

Ao homem é permitido apenas o uso do smoking: calça preta, paletó com lapela acetinada e camisa branca, com ou sem pregas na frente. O conjunto se completa com uma faixa na cintura, confeccionada em pregas finas e gravata borboleta da mesma cor da faixa. Os sapatos devem ser de cor preta, em estilo social, com cadarço e meias da mesma cor dos sapatos.

Rigor/ gala (white-tie)

Se o traje rigor especificar que é gala ou white-tie, a roupa deve seguir o mais alto grau de formalidade.

Para a mulher, o vestido é longo, cobrindo os sapatos, podendo ostentar cauda. A maquiagem, as joias e os calçados seguem a mesma regra do traje black-tie.

Para o homem, casaca: paletó preto, estilo colete, com três botões de cada lado, curto na frente (altura da cintura), com cauda longa, bipartida atrás. A calça também é preta. A camisa tem colarinho alto, dobrado nas pontas. Completam o conjunto, a gravata borboleta branca (white-tie). Acompanha colete branco, em dias frios, ou faixa na cintura da mesma cor em dias mais quentes.

*Quando o noivo usar casaca, os convidados devem usar smoking.

Ocasiões para ambos os trajes: banquetes com presença de autoridades de alto escalão, jantares com celebridades, bailes, óperas, cerimônias de premiações como Óscar, por exemplo.

4 - Cores de roupas certas para cada tom de pele

COR DA PELE	SUGESTÃO DE CORES
Morena	Laranja, azul claro, verde maçã, preto (com decote)
Branca	Laranja, azul claro, verde maçã, preto (com decote)
Loira	Vermelho, arroxeado, vinho, grená, preto
Bronzeada	Azul turquesa, verde água, laranja, branco
Ruiva	Verde, neutro, marrom, escuro, grafite
Mulata	Branco e cores suaves
Negra	Verde, bege, rosa e cores suaves
Cores neutras Bege, branco, cinza e preto. Cores fortes são permitidas somente a noite.	

5 – Gravata

Cores e estilos – cor lisa, escura ou em tons e estampas discretos se identificam com o perfil clássico; mais colorida ou estampada se encaixa com o perfil moderno; rosa claro, lilás ou amarelo são cores indicadas para os mais jovens ou para celebridades.

Gravata lisa ou estampada combina com camisa lisa, mas se a camisa for estampada, listrada ou xadrez, acompanha a gravata lisa.

Evite gravata com estampas de personagens ou bichos, e nas cores rosa choque, verde limão etc. Na dúvida, combine a gravata com a cor do terno, lembrando que esta deve ser sempre mais escura que a camisa.

Altura correta – a ponta da gravata deverá tocar no começo ou no meio da fivela do cinto. Cuide para que a gravata fique sempre reta. Quanto à largura, esta deve ser a mesma da lapela.

Nós – o nó da gravata deve acompanhar a largura da mesma; a covinha (vão sob o nó da gravata) deve estar impecável, por ser um dos lugares mais visíveis. para aumentar a durabilidade da gravata, desate o nó antes de guardá-la.

6 – Os botões do paletó

Um botão – para evento informal, o terno de um botão ainda tem seu espaço garantido. Ao sentar-se, opte por desabotoá-lo ou não. O botão deverá estar à altura do umbigo.

Dois botões – próprio para ocasiões profissionais ou sociais. O botão inferior permanece aberto, e o botão superior deverá estar à altura do umbigo.

Três botões – é o mais tradicional. Fecham-se os dois primeiros ou somente o do meio. O botão do meio se nivela com o umbigo.

Importante: homens mais baixos ficam melhores com terno de um ou dois botões; se estiver acima do peso, opte pelo terno de um ou dois botões; para os altos e fortes, o terno de três botões ajuda a disfarçar a silhueta.

7 – Camisas

Diferença entre camisa esporte e social – de modo geral, a camisa social é bem diferente da camisa esporte. Na dúvida, basta fazer a seguinte verificação: se na etiqueta da camisa a numeração estiver especificada pelos números 2, 3 ou 4, significa que a mesma é esporte. Se estiver com numeração entre 39, 40 ou 41, a camisa é social.

Importante: colarinho com dois botões não combina com gravata.

Camisa por dentro da calça – camisa social deve ser usada por dentro da calça. No ambiente de trabalho, mesmo as camisas esportivas devem ser usadas por dentro da calça. Se a camisa for mais comprida que a jaqueta, o blazer ou a cardigã, ela é vestida por dentro da calça. Esta regra também vale para camisetas, quando usadas por baixo da camisa ou de malhas.

Camisas por fora da calça – em situações informais, a camisa pode ser usada por fora da calça. O comprimento não deve ser maior do que 20 cm abaixo do quadril. Este comprimento vale também para a camiseta. Camisa ou camiseta por fora da calça disfarça a barriga.

Regra para colarinhos e punhos – o colarinho do paletó deve ficar ajustado com o ombro e não pode esconder o colarinho da camisa. As mangas do paletó terminam no ossinho do pulso. O punho da camisa aparece 1cm para fora da manga do paletó.

6 – Combinações de cores: terno, meias e sapatos

TERNO	MEIAS	SAPATOS
Preto	Pretas	Pretos
Cinza Escuro	Café	Café
Cinza Médio	Marrons / Pretas / Azuis	Marrons / Pretos
Marinho	Marinho / Pretas	Marrons / Pretos
Bege	Marrons / Beges / Pretas	Marrons / Marrons em tom claro / Pretos

Lembrete: com as cores mais escuras ou mais claras (preta ou bege), as meias devem combinar com os sapatos. Nos demais casos, use o bom senso. As meias brancas devem ser evitadas. As meias devem ser mais longas, evitando-se expor as pernas, ao se sentar. O cinto deve ser da mesma cor dos sapatos.

Comportando-se à mesa

"Comer é antes de tudo um
ato de prazer."

Passamos um terço de nossas vidas à volta de uma mesa, e por isso mesmo precisamos dominar a arte de ser anfitrião (ã). Em uma ocasião formal, qualquer deslize, independentemente de sermos os convidados ou de estarmos recebendo, poderá depor contra nossa imagem, e até render comentários em colunas assinadas por jornalistas menos escrupulosos.

A proposta aqui é explicar como se comportar à mesa, desde o tipo de comemoração, até o "night a cap" (final de noite).

1 – No restaurante

O homem abre a porta para a acompanhante e segue suavemente à frente (se estiver lotado). Ao aproximar-se da mesa, a mulher toma à dianteira e o homem puxa a cadeira para que ela se sente.

Encontrando algum conhecido no mesmo restaurante, cumprimente levemente com a cabeça sem interromper a pessoa.

Coloque a bolsa em uma cadeira auxiliar, nunca sobre a mesa. Jamais retoque maquiagem enquanto estiver à mesa. Faça isso no toalete.

É de péssimo tom usar o celular à mesa de refeições para fazer ou receber chamadas, exceto em alguma emergência, ou para fotografar o momento.

2 – Cardápio em francês/italiano, traduzido para o português

*Se quiser pronunciar melhor o francês/italiano, o Google tradutor poderá ser de grande auxílio.

Hors-D'oeuvre	Entrada
Huitres	Ostras com limão
Escargot	Caramujo
Coquille Saint Jacques	Marisco/família da vieira
Soupe à l'oignon	Sopa de cebola
Paté dé froi Grass	Patê de fígado de ganso
Saumon Fumé	Salmão defumado
Poisson à doré	Peixe frito, com farinha e ovo
Poisson à gratin	Peixe gratinado com queijo
Sauce tartare	Molho tártaro (com maionese)
Langouste bernois	Lagosta grelhada
Ao thermidor	Molho de creme de leite
Brochette	Preparado servido no espeto
Crevettes au promed'or	Camarão ao molho
Haddock	Peixe cozido no leite
Filet Chateaubriand	Filé cortado em fatias grossas
Filet Tournedos	Filé cortado em fatias médias
Filet Escalope	Filé cortado em fatias pequenas
Au poivre	Molho de caldo de carne e pimenta (para carnes)
Bearnaise	Molho c/ gema de ovo e manteiga
Batata sautée	Batata cozida na manteiga
Poire Helene	Pera cozida e gelada
Souflê gelado	Mouse/consistência sorvete
Cassata italiana	Bola de sorvete c/ três sabores
Bavaroise	Gelatina
Baba au rhum	Bolo de calda de rum

Sugestões importantes
- Ao receber a conta, não deixe de conferir, mas faça-o discretamente. Se perceber que o restaurante está cobrando um valor diferente do esperado, peça para falar com o gerente e explique educadamente o que está acontecendo.
- É normal acrescentar 10% a 15% do valor do serviço ou da conta. Se o restaurante não cobrar essa taxa, a gorjeta torna-se obrigatória.
- Pedir para embalar o que sobrou da comida não é errado, pelo contrário, é interpretado como elogio ao estabelecimento.
- A conta só poderá ser dividida entre os participantes, se houve um acordo antecipado. Se não houve esse acordo, quem convida, paga a conta.

3 – Jantar formal

Serviço de mesa formal, próprio para jantares à francesa ou à inglesa. Fazem parte da composição da mesa: taças, talheres e pratos sobrepostos de acordo com o que será servido.

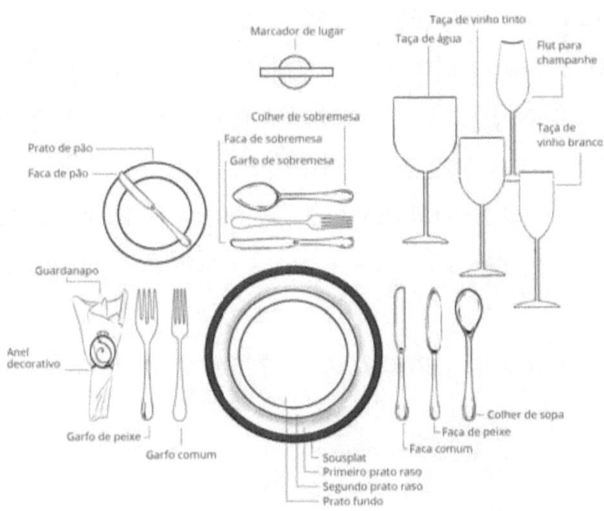

Imagem: gráfico de mesa para serviços à francesa/inglesa.

Ordem da apresentação de um jantar formal

Drinks e canapés – à medida que os convidados forem chegando (salvo quando tem um homenageado), inicia-se o serviço de drinks e canapés na sala de visitas. Se houver um homenageado, sob nenhuma hipótese este poderá atrasar.

Ao ser anunciado que o jantar está pronto, a(o) anfitriã(ão) convida a todos que passem à sala de jantar, onde se iniciará esse serviço, pela ordem a seguir:

Entrada - pode ser servida sopa (acompanhada com pão), creme de palmito, patê de fígado etc.

Primeiro prato – servem-se massas, risotos etc. Acompanha vinho branco.

Prato principal – carnes vermelhas, carnes de aves, ou peixes (carnes vermelhas com vinho tinto e brancas com vinho branco).

Saladas – podem ser servidas com queijos.

Sobremesas – frutas, pudins, sorvetes etc.

Café – os convidados retornam ao salão anterior, onde será servido o café.

O copeiro apresenta o açucareiro e o adoçante, e aguarda que o convidado se sirva à vontade. Só então serve o café. Servem-se também licores (três ou quatro qualidades). Se estiver no inverno, pode servir também conhaque, caso haja entre os convidados, algum apreciador do mesmo.

Sugestão de licores: *Amarula, Benedictine, Menta, Anis, Chartreuse, Drambuie.*

Como é feito o serviço do jantar formal (à francesa ou à inglesa)

Serve-se em primeiro lugar o comensal à direita do(a) anfitrião(ã); em segundo lugar serve-se a pessoa à esquerda do(a) mesmo(a). Na sequência, serve-se os demais, terminando pelo(a) anfitrião(ã), que deve iniciar a comer, seguido(a) pelos demais convidados.

O copeiro apresenta o prato pelo lado esquerdo do comensal, e este se serve à vontade.

É obrigação de quem convida comentar sobre o tipo de comida que está sendo servida, evitando, dessa forma, que o(a) convidado(a) se sinta confuso(a).

Caso não tenha muito traquejo diante de um jantar dessa natureza, o(a) convidado(a) pode observar como os outros estão se comportando e fazer o mesmo.

A comida é servida pelo lado esquerdo e retirada pelo lado direito. As bebidas são servidas pelo lado direito..

À medida em que cada serviço terminar, o mesmo é retirado, restando os pratos e talheres da refeição a seguir. As taças permanecem na mesa até o final do serviço.

Exceto a sopa, os outros alimentos são oferecidos uma segunda vez. O pão e as bebidas podem ser oferecidos mais vezes.

Num jantar dessa natureza não se recusa nenhum prato apresentado. Entretanto, o pão e as bebidas fogem à regra, portanto não é censurável recusá-los numa segunda rodada.

Jantares à francesa ou à inglesa contam com garçons experientes. Caso necessite de ajuda, um simples olhar dirigido ao serviçal fará com que ele venha em seu "socorro".

4 – Talheres – posição e uso

Iniciando e durante a refeição - a faca fica na
posição diagonal com a lâmina dentro do prato,
e o corte (gume), virado para o lado da pessoa; o
garfo, na mesma posição (diagonal) com os dentes virados para baixo (fig. à direita).

Essa versão (fig. à esquerda), também está correta, mas é pouco usada, por ser mais complicada.

Ao terminar a refeição - a faca e o garfo ficam
em posição paralela, com os cabos alinhados: o
garfo com os dentes voltados para cima e a faca
com o gume voltado para este (fig. à direita).

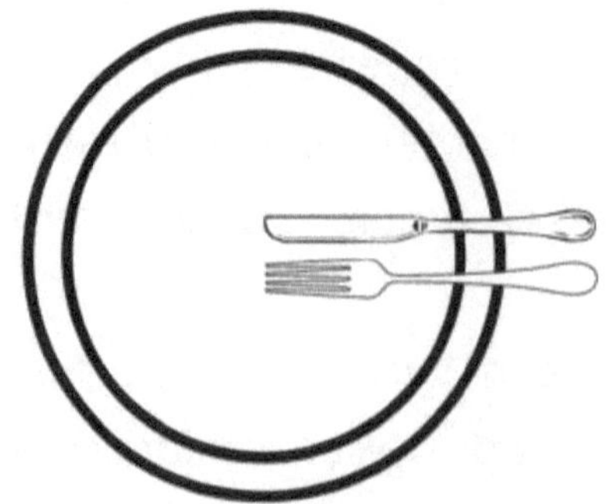

Existe uma segunda versão onde o garfo e a faca
ficam à direita do prato (fig. à esquerda).
Essa forma de colocação, embora correta, é menos usada.

O uso da colher – A etiqueta brasileira geralmente adota hábitos ingleses. Dessa forma, como fazem os britânicos, tomamos o cabo da colher entre o polegar e o indicador da mão direita e sorvemos o líquido pela lateral da mesma. Os franceses levam a colher à boca pela ponta desta.

O uso do garfo – Segure o garfo entre o polegar e o indicador da mão esquerda para pegar os alimentos. Leve-o à boca com os dentes voltados para cima.

O uso da faca – Segure a faca com a mão direita, apoiada pelo indicador; a faca deve ficar com o corte voltado para os alimentos; ao usar faca e garfo, este fica na mão esquerda.

Lembrete: não se deve usar a faca para cortar legumes.

Importante: salvo em ocasiões informais, não se usa a faca para saladas, ovos, bolos, tortas, pães etc.

5 – Cortando a carne

Segure o garfo com a mão esquerda e a faca com a mão direita; prenda, com o garfo, a parte a ser cortada; corte a carne no sentido do fio da mesma; ao cortá-la, faça apenas um movimento com a faca, evitando o efeito "serrote"; leve o garfo à boca com os dentes voltados para cima.

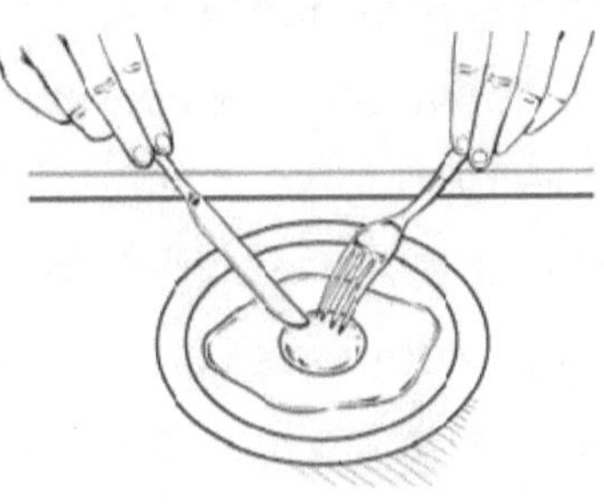

6 – Comidas que podem ser levadas à boca com as mãos

Uvas, cerejas e folhas de alcachofra (nesses casos, deve-se usar o serviço de lavanda). Frango, só se leva à boca, com as mãos, em jantares informais.

7 – Uso correto do guardanapo

Em consequência dos inúmeros casos de epidemia que apareceram na Europa nas últimas décadas, o uso do guardanapo de pano foi abolido nesse continente, dando lugar aos charmosos guardanapos de tecidos sintéticos (descartáveis).

No Brasil, ainda se usam muito os guardanapos de pano, principalmente em jantares formais. Mas alguns restaurantes elegantes já adotaram os guardanapos de papel. Hoje, eles já são fabricados em materiais sintéticos, muito parecidos com tecido, portanto não diminuem o charme do jantar.

O guardanapo de tecido fica ao lado esquerdo ou dentro do prato. Às vezes, ele traz dentro um guardanapo de papel (geralmente vermelho).

Esse segundo guardanapo serve para tirar o excesso de batom e é colocado somente nos lugares destinados às mulheres (em caso de mesa com lugares marcados). Nesse caso, use-o antes de iniciar a refeição e deixe-o depositado discretamente ao lado esquerdo do prato.

Depois que todos os convidados estiverem sentados à mesa, desdobre o guardanapo, conservando-se a última dobra. Se o guardanapo estiver preso ao anel decorativo, retire o anel, colocando-o discretamente ao lado esquerdo do prato; coloque o guardanapo no colo, dobrado pela metade, com a dobra voltada para o joelho e as pontas para dentro.

Caso necessite levantar-se durante a refeição, deixe o guardanapo à esquerda do prato. Ao voltar à mesa devolva o guardanapo ao colo.

Se o guardanapo cair no chão durante a refeição, evite apanhá-lo. Espere que o(a) encarregado(a) do serviço note o incidente e venha em seu auxílio.

Ao terminar a refeição, coloque o guardanapo sobre a mesa, sem dobras, ao lado esquerdo do prato.

Nota: nos coquetéis, o guardanapo é usado para limpar os dedos e os lábios antes de levar o copo à boca. Pegue o salgadinho com o auxílio dos dedos polegar, indicador e médio. Use o guardanapo que vem na bandeja das bebidas para proteger o fundo do copo, evitando molhar-se.

8 – Para os convidados

- Chegue dez a quinze minutos após a hora marcada. Se o evento for de negócios, chegue dez a quinze minutos antes;
- Ao levar flores, ou outro presente, entregue o mesmo (com o seu cartão) para a pessoa encarregada desse atendimento à entrada da festa;
- Ao chegar cumprimente a todos. Só depois disso inicie uma conversa;
- Não dê ordens à equipe de serviço. Isso compete à anfitriã;
- Ao servir-se, evite fazer movimento em círculo com os braços;
- Não limpe pratos ou talheres com guardanapo (soa como agressividade);
- "Atacar" a comida como se não comesse há três dias passa uma péssima imagem aos presentes;
- Misturar ou amassar os alimentos é inadequado;
- Cortar novamente aquilo que já está partido é agressivo;
- Se não quiser comer tudo, pode deixar o que sobrou, desde que não seja muito;

- Cruzar os talheres, formando um "X", é considerado gafe;
- Entre uma garfada e outra, ou antes de beber, passe o guardanapo nos lábios. Evite que os lábios fiquem brilhando com a gordura;
- Não faça da cadeira uma "gangorra";
- Não cruze as pernas à mesa;
- Ao levar a comida à boca, a curvatura da cabeça não poderá ultrapassar dez graus;
- Converse, não se entretenha só em comer. Mas não fale o tempo todo, dê oportunidade aos demais;
- Ao falar, não gesticule com os talheres;
- Se não gosta de um alimento, pelo menos finja que está comendo;
- Não fale mal de nenhum tipo de comida;
- Ao terminar, não deixe o prato sem nenhum grão de comida, dessa forma passará a ideia de esfomeado(a);
- Limpar restos de comida caídos sobre a mesa é tarefa do garçom, não sua;
- Empurrar o prato após a refeição é um gesto extremamente grosseiro;
- Finalmente, não saia da mesa antes da(o) anfitriã(ão).

9 – Pratos considerados complicados

Pratos considerados pela maioria como complicados, são todos aqueles que exigem maior traquejo do comensal, no manuseio, tanto com os talheres quanto com o próprio prato. Citaremos alguns deles:

Escargôs – são caracóis terrestres, mais consumidos nos países europeus, especialmente na França.

Os pratos possuem cavidades onde são servidos os caracóis. Acompanha pinça e garfo próprios. Com a pinça na mão esquerda, prenda e retire o caracol de dentro da cavidade: com o garfo, retire e coma o conteúdo, devolvendo o caramujo vazio para onde estava e assim por diante. O molho de dentro da casca pode ser sorvido. A lavanda acompanha esse serviço.

*Nesse tipo de serviço, o garfo é segurado com a mão direita.

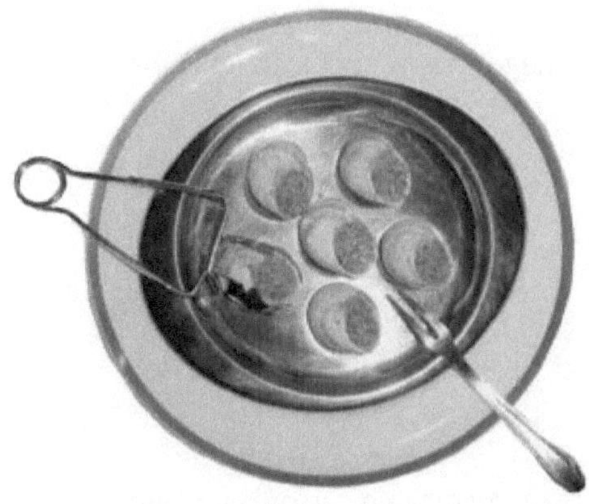

Imagem: apresentação do escargôs

Lagosta – pode ser apresentada em duas partes dentro de uma casca ou gratinada. Para servir-se, use a colher para peixes. Quando é apresentada em duas partes, a lagosta vem acompanhada de uma ferramenta que lembra um quebra-nozes, e serve para partir as patas da mesma. Um garfo próprio, de dois dentes, é utilizado para retirar a carne das cavidades mais difíceis, como patas e pinças da lagosta.

A lavanda acompanha esse serviço.

*Nesse tipo de serviço, o garfo é segurado com a mão direita.

Imagem: apresentação da lagosta

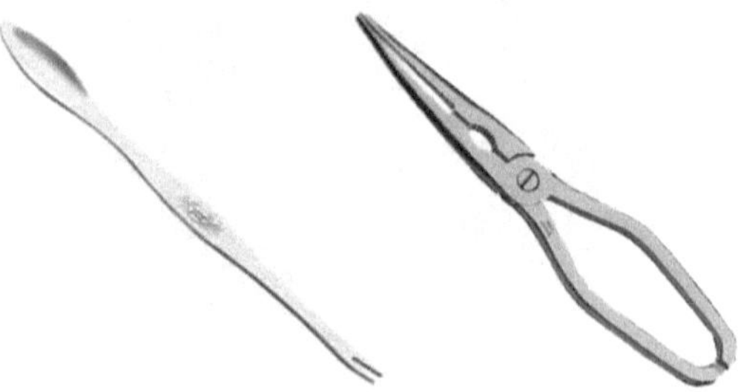

Imagem: pinça e garfos para lagosta

Ostras – são servidas em prato especial com cinco ou seis compartimentos em redor e um no centro (para o limão). Acompanha garfo com três dentes pequenos.

Com a mão esquerda retire a concha do compartimento; pingue algumas gotas de limão sobre a ostra; em seguida segure o garfo e, com ele, retire a ostra da concha, levando-a à boca; sorva o caldo da concha, colocando-a no compartimento onde estava.

A lavanda acompanha esse serviço.

*Nesse tipo de serviço, o garfo é segurado com a mão direita.

Imagem: apresentação da ostra

Imagem: garfo para ostra

Foie gras – é um patê feito com fígado de ganso. Considerada como uma das melhores entradas, vem acompanhado de delicadas torradas.

Com a faca, coloca-se uma pequena porção do patê sobre a torrada, comendo-a em seguida.

*Pessoalmente reprovo a prática de crueldade com os animais, em especial o sacrifício imposto aos gansos, para se obter esse prato.

Imagem: apresentação de Foie Gras

Caviar (caviar rosa/caviar preto) – são ovas do esturjão ou de salmão. O primeiro é um peixe nativo dos mares europeus que produz o caviar preto; o segundo produz o caviar rosa.

Imagem: serviço de caviar

Pode ser servido antes do jantar ou como entrada deste. O caviar é oferecido sobre blocos de gelo, acompanhado por finas torradas. Pegue uma torrada com a mão esquerda e tome a espátula com a mão direita; retire uma fina camada de caviar, espalhando-a sobre uma das extremidades da torrada, saboreando em seguida. Evite passar camadas grossas de caviar sobre as torradas, pois é uma atitude considerada grosseira.

Alcachofras – a alcachofra é formada por partes não comestíveis e comestíveis. A parte mais saborosa é a conhecida como "coração". Geralmente a alcachofra vem inteira, acompanhada de molho vinagrete. Retire as folhas com as mãos e coma somente a parte macia, mergulhando-a antes no molho; ao chegar ao "coração" da alcachofra, afaste os pelos, utilizando, para isso, a ponta da faca; em seguida, corte os pedaços, colocando-os no prato contendo recipientes para molho.

Imagem: alcachofra

Aspargos – o aspargo é uma planta muito apreciada na culinária mundial e é considerada uma flor da família dos lírios. Toma-se como qualquer sopa: com o auxílio da colher.

Em dias muito frios, a sopa de aspargos pode ser tomada na taça consomê, segurada pelas duas asas; no verão, os aspargos são servidos gelados e podem ser apresentados também como frios.

Imagem: aspargo servido quente (sopa) em *consomê*

Imagem: aspargo servido frio

Massas – se o fio da massa for comprido, tipo espaguete, pegue o garfo com a mão direita, espete no máximo três fios da massa e enrole em volta do garfo, fazendo uma "trouxinha"; em seguida, leve à boca com os dentes do garfo virados para cima, evitando fios caídos.

Se a massa for curta, tipo fusili, coma de forma normal, ou seja: espete naturalmente com o garfo e leve à boca. Sob nenhuma hipótese, cometa a gafe de "chupar" o macarrão!

A colher, tão usada para apoiar o macarrão, só é aceita em ocasiões muito informais. É um costume do sul da Itália, onde as pessoas são mais simples. Em grande parte da Europa, esse gesto é visto como grosseiro.

Alguns restaurantes italianos oferecem aos clientes uma espécie de avental que serve como protetor da roupa, para eventuais respingos de molhos. Esse gesto, reprovado pela etiqueta, está cada vez mais raro.

O correto é usar o garfo com calma, levantando-o somente à altura do prato. Desta forma, é possível enrolar o macarrão e leva-lo à boca, sem respingar.

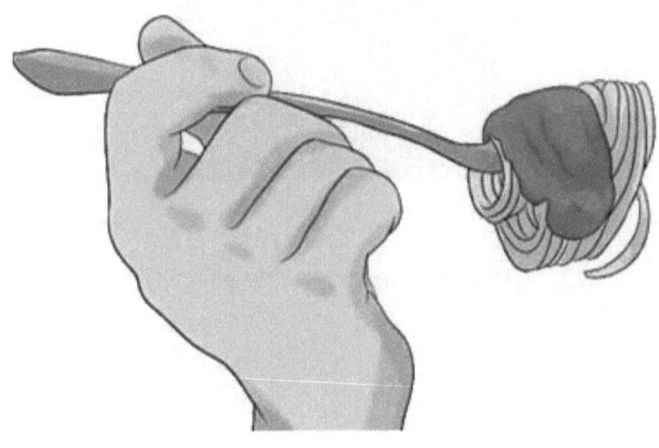

Imagem: enrolando o macarrão

Alface – espeta-se a folha da alface com o garfo e com o auxílio da faca, vai enrolando até formar uma "trouxinha". Em seguida, leva-se à boca e come. Se a alface for apresentada à mesa com as folhas inteiras, não se deve cortá-las.

Em jantares formais, as folhas da alface devem ser pequenas, para evitar constranger os comensais.

Quando a alface vem enfeitando algum prato, não se deve comê-la.

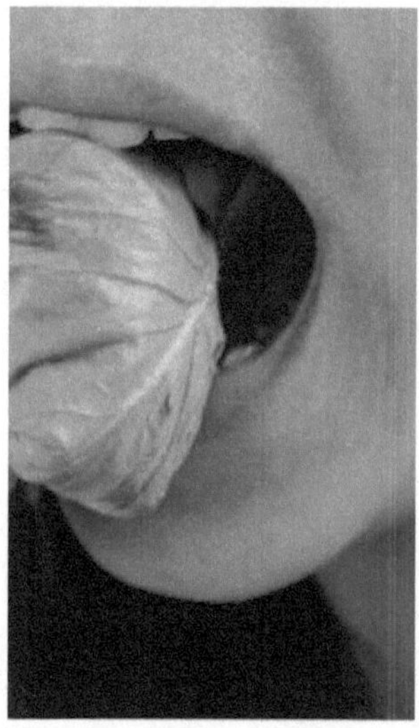

Imagem: trouxinha de alface

Bebidas

"Saber beber é uma arte. O prazer proporcionado pelos
efeitos do álcool só se justifica quando bem administrado."
Por isso, é necessário saber o momento certo
de ingerir essa ou aquela bebida,
e mais que isso, no copo certo.

1 – As bebidas mais conhecidas

Vinho – produzido pela fermentação do sumo de uvas. Ao comprá-lo, deixe-o descansar pelo menos por duas semanas antes de consumi-lo. O vinho branco é servido gelado e o vinho tinto é servido em temperatura ambiente.

Champanhe – é o "vinho dourado". Somente um terço da taça deve ser cheio ao servi-lo. A temperatura do líquido deve ser entre 4°C e 7°C. Champanhe é uma bebida própria para brindes e pode acompanhar qualquer prato.

Cerveja – bebida própria para ocasiões informais como churrascos, *happy hours* etc. É excelente para acompanhar feijoada. Servida também como drink.

Uísque – é uma bebida destilada do malte própria para aperitivo. Uísque é servido em duas versões: com gelo (on the rocks) e puro (cowboy).

Vodka – por ser muito forte, essa bebida (feita de álcool etílico) é indicada para quem tem familiaridade com o álcool. A vodka não possui cor, gosto ou cheiro, e pode ser consumida pura ou adicionada a sucos e frutas. Própria para drinques.

Martini – conhecido como o rei dos coquetéis, é uma mistura entre gim e vermute seco, apresentado com um twist de limão (sumo oleoso da casca) e uma folha de hortelã ou uma azeitona verde. É servido gelado e em taças.

Batida – mistura de cachaça com suco ou polpa de frutas. Servida gelada como aperitivo ou coquetel.

Coquetel – drink geralmente feito com duas bebidas, uma delas alcoólicas. Acrescenta-se gelo e açúcar. Pode-se complementar com mel.

Gim – originário da Holanda, é uma aguardente de cereais. Bebida seca, de alto teor alcoólico. Servida como drinque.

Cachaça – cachaça, pinga ou caninha é uma aguardente destilada do caldo de cana, tipicamente brasileira, embora atualmente já seja produzida por outros países. É servida natural, como drinque ou coquetel.

Conhaque – bebida destilada de uva, própria para o inverno. Deve ser bebida pura e aquecida à temperatura do corpo.

Licor – geralmente é feito de frutas cozidas com álcool. Bebida digestiva, servida em taças pequeninas, e bem gelada. Substitui o café.

2 – Os copos certos para cada tipo de bebida

Imagens:

01 – Coquetel/martini

02 – Vodka

03 – Conhaque/ brandy

04 – Uisque

05 – Licor

06 – Coquetel longo

07 – Margarita

08 – Espumante

09 – Champanhe

10 – Vinho tinto

11 – Vinho branco

12 – Shot/cachaça

13/14 – Cerveja

De cristal ou de vidro, cada bebida deve ser servida no copo certo!

Especial sobre vinhos

Não é necessário se tornar um sommelier e entender tudo sobre a bebida de Baco. Entretanto, algum conhecimento básico a respeito desse assunto é fundamental para os apreciadores dessa bebida.

1 – Tipos de vinhos

Vinho branco – pode ser bebido a qualquer hora, mesmo fora das refeições. A temperatura ideal para ser servido é de 18°C a 10°C para os leves, e 10°C a 12°C para os encorpados. O vinho branco acompanha as carnes brancas, as frutas e os queijos.

Vinho tinto – o vinho tinto também pode ser bebido a qualquer hora, e deve ser aberto uma hora antes de servir para que se processe a oxigenação do mesmo. Não precisa ser gelado e deve ser servido em temperatura de 15°C. O vinho tinto acompanha as carnes vermelhas e os alimentos picantes. Queijos maturados e camarões são também acompanhados pelo vinho tinto.

Vinho rosé – deve ser servido à temperatura ambiente, ou no máximo fresco (15°C). Acompanha carnes leves, peixes e massas.

2 – Algumas orientações sobre os vinhos

Um estudo profundo sobre o assunto pode levar décadas. Mas a procedência dos vinhos, região, país de origem, safra, teor alcoólico, são conhecimentos básicos importantes.

Outras dicas: As palavras como "Cabernet" e "Merlot", escritas nos rótulos das garrafas, especificam os diferentes tipos de uvas das quais o vinho foi produzido; vinhos tintos vêm à mesa em cestinhas; os demais, inclusive champanhes, são servidos em baldes contendo gelo e sal; ao servir, a garrafa não deve encostar na taça; somente 2/3 do copo é cheio; para os vinhos tintos, a taça é um pouco maior que a dos brancos;

A forma correta de dizer é: "o vinho foi produzido", ou "confecciona-do", e não "fabricado"; nem sempre a idade do vinho garante qualidade, excetuando-se os do Porto, que, quanto mais velhos, melhores; a ideia de que vinhos importados são melhores do que os nacionais não procede. Existem vinhos nacionais excelentes e mesmo superiores a alguns vinhos importados.

*Cabernet e Merlot, são uvas com diferentes sabores, provenientes da região de Borde-aux (França)

3 – Tim tim

O brinde é, sem dúvida, um momento inesquecível.

O ideal é que o brinde seja feito pela(o) anfitriã(ão). As palavras de-vem ser resumidas e sem conotações de sermão. Ex.: "Queridos amigos e amigas, estamos aqui reunidos para comemorar este momento tão im-portante, que é a conclusão do doutorado da nossa querida Wal!"

Ditas as palavras, a(o) anfitriã(ão) levanta o copo, sendo acompa-nhada(o) pelos demais. Os abstêmios podem acompanhar o brinde com suco ou água.

Curiosidade: Na antiguidade, o brinde era feito obrigatoriamente com a mão direita. Assim evitava-se que alguém, mal-intencionado, se aproveitasse da distração daquele momento e com a outra mão sa-casse uma pistola.

Talvez por isso, até hoje o brinde é feito com a taça na mão direita.

4 – Os vinhos mais conhecidos

Franceses	Pouilly Fuissé/ Chablis/ Anjou/ Château de selle / Châteauneif-du-pape/ Mâcom superieur/ Côtes Du Rhône/ Beaujolais
Iltalianos	Verdicchio san marino/ Chianti Bertolli/ Barbaresco/ Gavi Dei gavi/ Valpolicella/ Barolo/ Amarone/ Suave clássico/ Chianti Clàssico/ Brunello di montalcino
Alemães	Liebfraumilch/ Oppenheimer Krötenbrunnen
Espanhóis	Marqués De Riscal/ Pinord
Chilenos	Santa Helena/ Planella
Portugueses	Mateus/ Grandjó/ Granleve/ Periquita/ Porto
Nacionais	Chateau duvalier/ Piagentini/ Bernardi/ Moscato/ Bernard Taillan/ Marcus James

5 – Combinações entre pratos e vinhos

Jantar entre amigos	Pela ordem de serviço: espumante, branco, tinto.
Jantar com executivos	Entrada, espumante; Primeiro prato, branco; Prato principal, tinto.
Jantar romântico	Tinto ou branco.
Evento formal	Entrada, espumante; Primeiro prato, branco suave; Prato principal, tinto suave ou seco; Sobremesa, espumante.

Em noite de verão, organize a mesa com vários tipos de queijos, pães e frutas, como maçã, pera e uva Itália. Para acompanhar, vinho branco gelado.

Churrasco

O churrasco é uma importante ocasião
para confraternização entre amigos.

Embora seja considerado um evento informal, alguns cuidados devem ser tomados quanto à escolha dos utensílios, das carnes e do plano de mesa.

• Os convites são feitos pessoalmente ou por telefone com, pelo menos, uma semana de antecedência do evento;

• Sobre a mesa principal, distribua: pratos, talheres, copos, guardanapos, pães, frutas, saladas e molhos. As bebidas ficam em um freezer próximo à mesa;

• Monte mesas de quatro cadeiras no local;

• Combine antecipadamente todos os detalhes importantes com a pessoa que tomará conta da churrasqueira;

• Escolha carnes de boa qualidade: as maturadas são mais suculentas;

• Esfregue o sal grosso na carne quinze minutos antes de grelhar;

• Vinte minutos antes de os primeiros convidados chegarem, coloque as primeiras peças de carne na churrasqueira. Opte pelas carnes mais tenras como coração de frango e linguiça. Para virá-las, prefira pinças grandes;

• Meia hora depois, coloque as outras peças de carne, observando a ordem das que demoram mais a assarem, para as que assam mais rápido. Ex.: primeiro coloca-se a maminha, em seguida a alcatra, e assim por diante. Enquanto essas peças estiverem assando, sirva aquelas que foram colocadas no início: coração e linguiça;

• Quando as outras peças ficarem prontas, retire-as e as mantenha em local aquecido, porém afastadas do calor direto;

• Aproximadamente três minutos depois, quando o suco já estiver distribuído dentro da carne, sirva-a.

Comportando-se nas diversas ocasiões

Nossos atos e atitudes devem
ser condizentes com aquilo que falamos.

1 –Visitas

Algumas regras devem ser observadas: comunicar, com antecedência, levar sempre uma lembrancinha, ser breve: de trinta minutos a duas horas, dependendo do grau de intimidade.

Doentes e convalescentes – verifique se as visitas estão liberadas e seja breve. Evite falar alto ou sobre assuntos de doença. Não se sente na cama do paciente. Leve sempre uma palavra de otimismo.

Felicitações – em ocasiões como nascimento, promoção ou agradecimento, a visita poderá ser substituída por um cartão acompanhado de flores.

Funerais e condolências – dependendo do grau de amizade, a visita é feita alguns dias após o funeral. Evite falar sobre morte para não abalar ainda mais os parentes da pessoa falecida.

2 – Viagens

No avião - evite chamar a comissária por qualquer motivo, e só converse com o vizinho de banco se este se mostrar interessado.

No Hotel - Não bata portas e janelas, e mantenha baixo o volume da TV ou do som; não permita que suas crianças façam algazarras pelos corredores; só faça reclamações se houver uma justificativa convincente.

Na praia - cuide do seu lixo para não poluir o ambiente e respeite o espaço dos outros.

 3 – Hóspedes

Obrigações de quem recebe:

- Se não puder buscar o(a) hóspede no local de desembarque, providencie traslado para o(a) mesmo(a);
- Os donos da casa devem preparar, antecipadamente, uma refeição para a chegada do(a) hóspede;
- O café da manhã deve ser variado, observando o gosto do(a) hóspede;
- Enquanto durar a visita, é importante que o(a) hóspede tenha, em seu poder, uma cópia das chaves da casa;
- Faça um pequeno "estoque" de vídeos, livros, palavras cruzadas etc., para os momentos em que estiverem em casa;
- Durante as conversas, caso não tenham pontos de vista em comum, evite falar sobre assuntos polêmicos, tais como: política, futebol e religião.

Obrigações do(a) hóspede:

- Evite chegar com muita bagagem;
- Não chegue de mãos vazias, leve sempre um presente;
- Se a família que hospeda tiver crianças e, se for possível, leve-as para dar um passeio na pracinha ou no parque mais próximo.

Volte com doces e salgadinhos para o lanche;

- Mesmo que o casal tenha deixado à disposição cosméticos ou xampus no banheiro, tenha em mãos os de seu uso próprio. Ao usar o banheiro, deixe-o seco e limpo;
- Evite trabalhos extras a(o) sua(seu) anfitriã(o), como lavar ou passar suas roupas, mesmo que ela(e) tenha empregados.

4 – Porta

- Antes de entrar em um recinto, bata à porta, mesmo que esta esteja aberta;
- Ao entrar, leve uma das mãos na maçaneta, abra a porta suavemente;
- Faça com que a porta fique por trás de suas costas e feche-a com a outra mão;
- Ao sair, fique de frente para o recinto que vai deixar; coloque uma das mãos na maçaneta, abrindo a porta; saia sem dar as costas para a pessoa.
- Regra geral: quem abre a porta na saída, é sempre o dono da casa.

5 – Escadas e elevadores

- Não pare nas escadarias. Só o faça em caso justificável. Ex.: se o elevador ficar indisponível e o apartamento se localizar em andar muito alto. Nesse caso, quando ficar cansado(a), pare em um cantinho, entre um lance e outro da escada, para não impedir a passagem das outras pessoas;
- Jamais prenda a porta do elevador para conversar com alguém

que esteja do lado de fora ou para esperar outra pessoa;

- Conversar no elevador é deselegante; limite-se a cumprimentar os ocupantes com um "bom dia", "boa tarde" etc.

6 – Automóvel

- Se o homem que dirige estiver acompanhado por outro homem e uma senhora (salvo circunstâncias especiais), ela vai ao banco da frente;
- Se o homem que dirige estiver acompanhado de duas mulheres e de um homem, este ocupa o banco da frente;
- Se for a mulher que dirige, e se estiver acompanhada de um homem e de outra mulher, é esta que toma o lugar ao seu lado;
- Quem estiver dirigindo não deve "cortar" ou buzinar sem necessidade;
- No estacionamento, não se aproprie da vaga do outro;
- Só ocupe vagas prioritárias de idosos ou cadeirantes se estiver inserido nesse grupo;
- Ao deparar-se com poças de lama, evite "dar banho" nas pessoas.
- Jamais jogue lixo pela janela do carro, utilize a lixeira do veículo.

7 – Rua

- Em qualquer aglomeração, acompanhe o movimento da massa;
- Não gesticule, nem aponte para as pessoas;
- Evite excesso de pacotes;
- Ao encontrar um conhecido, não tumultue a passagem dos demais sob o pretexto de colocar a conversa em dia. Convide-o para um café mais próximo, onde possam conversar com tranquilidade;

- Evite andar com as mãos nos bolsos, isso pode levantar suspeitas.

8 – Lojas

- Não desça a prateleira inteira para depois sair sem levar nada;
- Ao experimentar uma roupa, não suje a mesma de batom, ou qualquer outro tipo de mancha;
- Reclamar dos valores das mercadorias é gafe. Se achar caro, agradeça e procure outro estabelecimento com preços menores.

9 – Flores

Campo profissional – se o empresário homenageado for casado e a esposa estiver presente no evento, as flores destinadas a ele são entregues à sua esposa. Mas se a dona da empresa for uma mulher, mesmo sendo casada, as flores são entregues a esta; os lírios ou orquídeas são perfeitos.

Casamentos - flores de todas as cores são indicadas, sendo mais aconselhável as de cores fortes e vivas.

Bodas – se a amizade com o casal de nubentes não for pessoal, substitua os presentes pelas flores. Para bodas de prata, as cores podem ser variadas, dando preferência à flor Iris. Para as bodas de ouro, as rosas amarelas são ideais.

Gestantes e doentes – recomendam-se as corbelhas com menor intensidade de perfume. Evite a proximidade do buquê com a gestante, o bebê ou o doente. As corbelhas de cor rosa são as mais indicadas.

Para agradecer – convite para fim de semana, passeios etc.; para desculpar-se por não ter podido comparecer a algum evento. Rosas e margaridas são perfeitas.

Funerais – envie coroa se o grau de amizade permitir. Frases exageradas podem comprometer. Durante a visita, não faça comentários a respeito do ocorrido.

Diversas ocasiões – inaugurações, amigos que chegam de viagem, recebimento de prêmio etc.

Lembrete: a mulher só oferece flores ao homem quando for em nome de um grupo ou em caso de relacionamento íntimo. Nesse caso, os cravos são os mais indicados.

Considerações finais

Uma grande demonstração de boas maneiras,
é saber relevar a pessoa descortês.

Pertencer a alta sociedade, ter títulos de Mestre ou Doutor(a), nada disso confere a alguém o status de educado(a). Muitas vezes nos deparamos com pessoas simpáticas e muito educadas que mal tiveram a oportunidade de frequentar uma escola, mas que conseguem conquistar a amizade de todos que as rodeiam.

1 – Definindo educação

A pessoa considerada educada cultiva valores como a simplicidade e a gentileza; olha nos olhos e está sempre disposta a colaborar.

2 – Como se comportar para ser considerado(a) educado(a):

• Durante uma conversação da qual faça parte, participe da conversa;
• Use linguagem atualizada;
• Ouça as pessoas com atenção;
• Se for questionado(a) sobre algum assunto e não tiver conhecimento do mesmo, diga que não sabe e procure pesquisar a respeito;
• Não interrompa os outros para impor suas ideias, lembre-se de que pessoas pensam de formas diferentes;
• Quando errar, simplesmente peça desculpas, não precisa "remendar" o assunto;
• Só se assente em lugares reservados se o mesmo estiver destinado a você;
• Você tem direito a uma lembrancinha da festa, portanto não leve todas para a sua casa;
• Não encha sua bolsa com as balinhas das empresas ou os salgadinhos dos coquetéis;
• Finalmente, aprenda a perder com classe.

Fontes pesquisadas

Baptista, Cleuza – Etiqueta social com dicas para executivos;

Baptista, Cleuza – Etiqueta empresarial;

Baptista, Cleuza – Manequim modelo;

Baptista, Cleuza – Comportamento no ambiente de trabalho;

Ribeiro, Célia – Etiqueta século XXI;

Matarazzo, Cláudia – Negócios, etiqueta faz parte;

Calderaro, Marta – Etiqueta e boas maneiras;

Polito, Reinaldo – Comunicação e expressão verbal;

Kallil, Glória – Chiques!;

Kallil, Glória – Um guia básico de moda e estilo;

Fiorentino, Isabella – Na moda;

Vestida de primavera – Tipos de ternos;

Beleza de mulher – Cores certas de maquiagens;

Lima, Maria do Carmo – Etiqueta à mesa;

Pierre Well e Roland Tompakow - O corpo fala;

Blog POP & ARTE;

Revista Galileu.

QUEM NUNCA?
A saia justa de cada dia